LA PHILO MOSCATO

118, avenue Achille-Peretti - CS 70024
92521 Neuilly Cedex

VINCENT MOSCATO

Avec la complicité de Kristel Moscato

LA PHILO MOSCATO

À l'usage de ceux qui pensent trop

Michel Lafon

SOMMAIRE

Une pensée...

Ma première pensée, c'est enfant, assis à mon pupitre, la paume de la main collée contre la joue, côté fenêtre, au dernier rang de la classe. Un endroit tellement prisé par les cancres penseurs qu'il fallait jouer des coudes à la rentrée de septembre pour, chaque année, retrouver cette place de choix. La fenêtre invite à l'évasion, la pensée s'y enfouit et diminue la concentration, au même rythme que les notes qui, à l'approche de l'hiver, se confondent avec celles du baromètre : basses... De plus en plus basses ! À quoi penses-tu ? La question te fait botter en touche : « À rien ! » Pas facile d'exprimer ses pensées, alors « la négative » permet d'éloigner le curieux. Quelle pensée saugrenue pour, à l'image de Cédric Soulette, créer des coqs gaulois de plus de deux mètres de haut ? Et pour Jean-Pierre Rives, de ferrailler des barres de fer géantes pour les souder entre elles en forme de figures montant jusqu'au ciel ? Quelles sont leurs pensées communes quand Serge Simon peint des toiles de plus de trois mètres de large ! La pensée ou plutôt la vision du grand, du beau, du fort, un sentiment de dominer les éléments ? Est-ce que notre pensée commune façonne une pensée unique ? L'intelligence, le caractère, le tempérament, tout ça se confond, se mélange et parfois se noie, ou au contraire, se traduit par des actes.

Ça me prend la tête de ne pas penser comme tout le monde, mais combien pensent comme moi ? La pensée est-elle dictée par des modèles ? Par une éducation qui se prolonge par des mimétismes ? Ou au contraire, n'est-elle que créative ? Les deux, mon commandant !

Comment extraire sa propre pensée dans une société où la loi du nombre, la pression du groupe, peuvent l'influencer ? Et merde ! Ça m'empêche de tourner en rond et souvent m'oblige à penser tout bas. Trop penser rend différent et la différence par les temps qui courent n'est pas toujours la bienvenue ! Le pire est que souvent on pense à ta place et on te fait dire des choses auxquelles tu n'aurais jamais pensé ! Et le penseur de Rodin, à quoi pense-t-il assis qu'il est depuis la nuit des temps, torse nu ? Tout simplement qu'il se les gèle peut-être… J'imagine déjà « les pensologues » qui ne pensent que comme ils sont, aux professionnels du bulbe, qui, en me lisant, se disent que chez certains la pensée fait des ravages ! Ma pensée a souvent la trajectoire du rebond d'un ballon de rugby, chaotique, insaisissable, donc difficile à exprimer. Peu importe, mais la pensée c'est l'avis. Et l'avis… c'est la vie !

Amis pour la vie

par Denis Charvet

Je me prends pour Brad Pitt ! Non, je suis Brad Pitt le jour où je croise la route de cet homme pas comme les autres. J'aperçois une ombre dans un coin de la pièce, l'homme prostré sur sa chaise ressemble à un gamin qui attend sa punition. On me le présente enfin, je ne le calcule pas une seule seconde en le saluant sans le regarder vraiment avec dédain et compassion perché sur ma tour de Babel. Lui, il ne se prenait pas pour Brad Pitt et pour cause, il ne ressemblait pas vraiment à Brad Pitt... Brut de décoffrage, arrivé du fin fond de sa campagne, les cheveux longs et gras, la barbe naissante, sapé comme plus jamais, joueur en devenir d'un club en devenir. Quand tu te prends pour Bratt Pitt, le gars de la campagne, il t'apparaît si fade qu'il est forcément transparent à tes yeux.

J'étais si satellisé autour de mon nombril que je ne pouvais apprécier sa bonne bouille, son authenticité à fleur de peau, ce diamant qui ne demandait qu'à être taillé... Sinon j'aurais aperçu au premier regard ce chic type plus vrai que nature. Dans le rugby, on s'amuse à dire que certains joueurs jouent du piano quand d'autres les déménagent. Moi, je jouais du piano, lui les déménageait chaque dimanche après-midi... Pas vraiment le même combat. J'ai toujours eu une profonde tendresse et admiration pour ces déménageurs, pour le courage et le sens du sacrifice dont ils ont toujours fait preuve sur un terrain de rugby.

Le rugby était toute notre vie, notre passion, notre religion. Nous sommes devenus amis tout naturellement par envie, besoin, nécessité, comme une évidence inscrite dans le temps qui passe. Il était frais comme on dit, de la première rosée du premier matin, jovial, gai, insouciant, instable, intenable… et follement drôle. Son énergie communicative m'enivrait. Un taureau dans l'arène à foncer sur tout ce qui bougeait.
Il a toujours été le bon copain, le fidèle, avec les qualités de ses défauts à croire tout et n'importe quoi, à faire tout ce qu'il ne faut pas faire parce qu'il ne fallait surtout pas le faire. Sa naïveté m'a toujours ému, je me retrouvais dans cette légèreté qui nous rendait invincibles et aériens, à fuir sans cesse toute responsabilité afin de se sentir plus libres encore. Il est né show-man à toujours vouloir se mettre en scène au milieu de tous. Comme un besoin existentiel de prouver au monde entier qu'il était bien réel et vivant…

Nous n'avons toujours fait qu'un à dévorer la vie sans freins et sans calcul. Nous avons collectionné au fil du temps les souvenirs. Un soir à la Bodega du blond, je l'ai rendu fou comme jamais à le piquer comme un picador pendant des heures. Au moment de sortir ma muleta pour achever l'animal en furie, il me chargea et me traîna par les pieds me faisant faire cent fois le tour du bar à me faire manger toute la sciure du plancher.

Il y a bien eu les matchs... À Perpignan où je le suppliais d'arrêter la bagarre de rue avec les frères Lièvremont, il s'est retourné en me faisant un clin d'œil et en me lançant « comment tu veux qu'on gagne le match sinon ? ». Au Pyla, le tirant derrière le bateau à fond la caisse en ski nautique, l'entraînant sous l'eau à le noyer... Ce premier footing un soir d'été en Bulgarie en train de se faire poursuivre par des chiens errants qui voulaient nous dévorer. Les répétitions en anglais pour jouer le Moscato de Vercingétorix dans notre luxueux appartement de Sofia, les fous rires encore et toujours.

Personne ne viendra nous voler tous ces souvenirs qui ont cimenté jour après jour notre amitié. Nous sommes restés de grands enfants avec cette même innocence de toujours penser que la vie est belle. Le temps ne nous a jamais séparés, on ne s'est jamais lassé l'un de l'autre, on a toujours la même complicité dans le blanc des yeux... comme deux frangins, amis pour la vie.

A comme AUTO-STOPPEUSE :
nana jjcv (jeune-jolie-court-vêtue)qui est sur ta route,
qui a besoin de toi quand
tu conduis et que tu es avec ta femme.

B comme BOUGIE : le téléphone sonne aux services des réclamations d'EDF – voix de femme : « Allô ce n'est plus possible ! Envoyez-moi un homme car ça fait quatre jours que je me sers d'une bougie ! »

C comme COMMUNISTE :
t'as deux vaches, le gouvernement t'en prend une, puis il revient et te prend la deuxième, puis il revient encore… et te fusille !

D comme DSK : s'il n'avait pas essayé de mettre un tir au petit Bastareaud du Sofitel de New York, il serait président de la République.

MOSCATO
SUR LE TERRAIN

C.A.B.B.G

MA PREMIÈRE FOIS AU RUGBY

C'était un mercredi à L'Isle-sur-Tarn, j'étais assis dans la rue ou j'habitais. Mon pote Chanar est arrivé, Titi, il avait une poche en plastique et dedans il avait des crampons. Il était assis à côté de moi et quand j'ai vu les pompes, je lui ai dit : « Qu'est-ce qu'il faut que je fasse pour avoir les mêmes ? » Il m'a répondu : « Il faut que tu viennes jouer au rugby. » J'avais 7ou 8 ans.
L'après-midi je suis allé à l'école de rugby de L'Isle, sur le terrain qui longeait la voie ferré. Là, j'ai rencontré l'éducateur et directeur de l'école, Jean-Luc Carassus qui tenait la papeterie du village. « Donne-moi 7 francs et 2 photos, tu prends ta licence. » Moi, ce que je voulais, c'était les crampons, mais il fallait que je fasse les entraînements, j'ai compris que ce qu'on désire se mérite. Après dix entraînements avec mes baskets en toile, j'ai eu des crampons d'occasion ! J'étais fier, j'ai aimé le rugby et mes crampons.
Ensuite j'ai joué en poussin et benjamin, puis j'ai été recruté par Claude Régis. C'était ma mutation comme Neymar au PSG, sauf que pour moi je signais pour 2 photos, 5 francs et, cerise sur le gâteau, un bon de 50 francs pour aller acheter des Adidas neuves montantes avec le bout carré. On frémissait à l'idée d'aller les acheter chez Sam Revaillet, joueur de l'équipe de France : pour un gamin, c'était « voir la Vierge » !
Quand Françoise Lafont a offert à Krystel cette licence qu'elle avait conservée, on a été très ému…

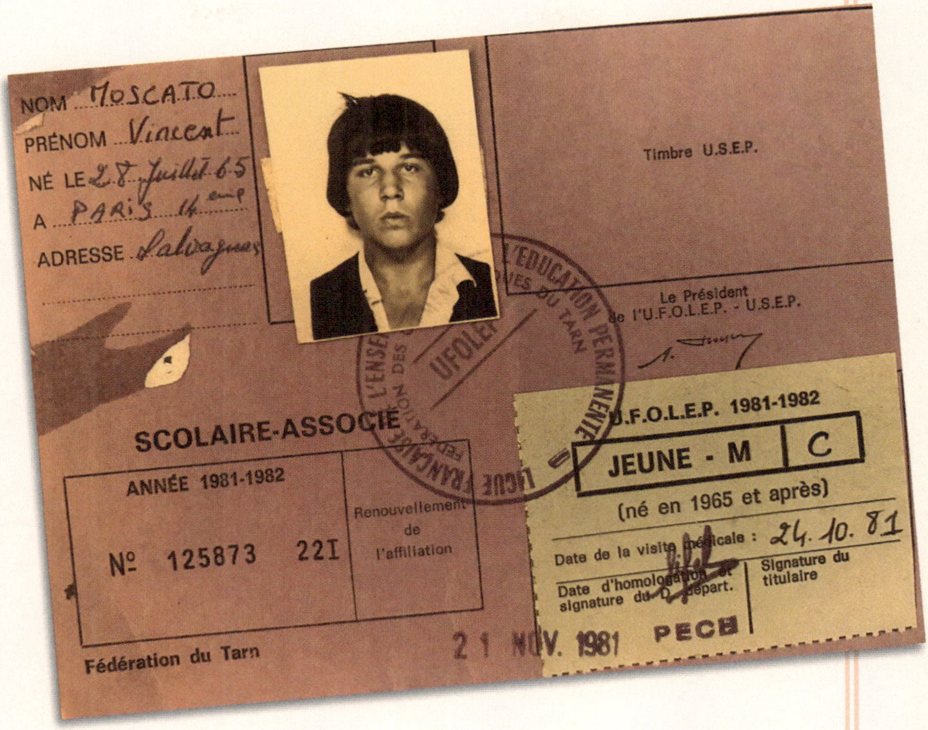

RUGBY
SANS CHICHIS

À l'école, on jouait au rugby, le prof de sport n'était autre que le mari de l'institutrice, Monsieur Mirambin, et là pas de rigolade. Quand la cloche sonnait pour la récré et que Monsieur Mirambin sortait de la cuisine avec le ballon de rugby, des cris de joie l'accompagnaient. Pour nous, c'était le meilleur entraîneur de rugby du monde. On allait dans le champ d'à côté, délimité non pas par des lignes blanches, mais par une clôture à vaches d'un côté et par un fossé de l'autre. Tous ensemble, les filles et les garçons mélangés, on jouait, pas de chichis.

Exclu de Bègles en 1993, je suis devenu briviste. J'oscille entre revanche et nostalgie, comme souvent dans la vie. Je retiens une chose de mon épisode béglais : j'ai essayé de garder uniquement le bon et le bien, le côté sportif, le titre. C'est tellement proche. L'histoire, c'est nous qui l'avons écrite sur le terrain. Quand je vois qu'on parle, à Bègles, du mouvement général… Tant que c'est comme ça, c'est tranquille. Ça fait plaisir aux médias, moi qui connais un peu le sujet, le rugby, c'est pas uniquement du mouvement.

« IL FAUT S'AIMER UN PEU POUR SE COMPRENDRE, MAIS GARDER SA DIFFÉRENCE POUR S'AIMER. »

PAUL GÉRALDY

Nous étions, avec Serge (Simon), Laurent (Vergé) et Philippe (Gimbert), devant un crème vers 16 heures, ce samedi. Je regardais Musard, le stade. Pour moi, il est chargé d'émotion, forcément. C'est là qu'on a imposé notre style de jeu : il ne faisait pas plaisir à tout le monde, mais nous, on s'y régalait. Nous l'avons idéalisé, ce rugby, nous y avons mis autre chose que du jeu et des mots.

« QUAND L'ASCENSEUR MONTE ET QUE TU ES DEDANS, ON T'APPLAUDIT. C'EST TRÈS DIFFÉRENT QUAND IL REDESCEND. »

Champion de France à Bègles en 1991, je me sentais chez moi, j'avais même gravé, à l'aide d'un tournevis que j'avais emprunté, les quatorze lettres de mon nom sur le bois au-dessus de mon portemanteau. Je pensais faire partie des meubles. Je me disais : « Ça y est, j'y suis, là, jusqu'à la fin ! » J'ai été viré, mais ça ne suffisait pas, quelqu'un a effacé mon nom. Là-bas, il n'y a plus aucune trace de moi.

GABIN L'A DIT : « TU SAIS QU'ON NE SAIT JAMAIS. »

On ne sait jamais ce qui peut arriver. On croit savoir et en fait, on ne sait rien.
J'ai mouillé le maillot et une bande de nazes m'a filé à la lourde comme un chien. Je n'avais plus rien. On avait commencé à jouer contre Lourdes, ils étaient huit cents dans la tribune. Nous, ce stade, on l'a gavé à onze mille, faut savoir respecter ça !
C'est du Lelouch… Mon truc : Gaillac, Graulhet, Bègles, Bercy, le SBUC, Cognacq-Jay, Paris… Je continue à la force du poignet, poings serrés, la vie ne fait pas de cadeau.

Arriverdecci Roma

Rome, c'est autre chose, comme une sensation impalpable, le souvenir d'un parfum d'antan, une saveur, un lieu, l'odeur d'une romance dont on se souvient encore. La quiétude ensoleillée d'un village de Provence sans survêt Tacchini ou casquette Lacoste. Ô mon Dieu que c'est reposant, on avait presque oublié… Comme à chaque fois, une envie d'y rester, d'y vivre à jamais… J'arrête là mes rêves, car mes pensées s'égarent et empruntent des chemins moins parfumés qui ne mènent pas toujours à Rome.

Rome la luxueuse, l'antique, la coquette, mais aussi la boudeuse d'un jeu qui lui irait si bien. Elle n'en veut pas, elle lui tourne le dos, c'est à désespérer qu'un jour notre rugby grandisse en son sein, pourtant ça lui rappellerait ses combats de gladiateurs d'antan. Pour ce qui est des gladiateurs, le stade Flaminio ne fut rien d'autre que le théâtre de chrétiens jetés aux lions dans un combat fruste et sans âme, surprenant même leurs adversaires par une combativité des plus absente ! On espère peut-être trop d'un pays à monoculture footballistique, mais quand même, nos cousins ritals, conviés depuis si longtemps à notre table, nous laissaient espérer qu'un jour ils arriveraient avec le gâteau.

« *Dio cane* », s'écrie le grand Zanon, émigré italien qui joue sur la place de Gaillac et est en colère parce qu'il a loupé une boule de pétanque à huit mètres, faisant exploser de rire les mômes que nous étions, Bernard et moi. « *Dio cane* » aussi intraduisible qu'« et merde » en français, mais posé sur les lèvres de tous les Ritals de la vallée qui avaient sué sous le maillot du coq français, déçus par la fessée garibaldienne prise dans ce stade Flaminio aux saveurs et aux charmes enivrants.

Alors j'arrête un instant de penser « sport », soufflons longuement, nous les sportifs de métiers, amateurs et sportifs de canapé, notre cerveau frétille à la vue d'autres terrains... Je ne peux m'empêcher de me souvenir qu'à quelques longueurs de spaghettis de Rome furent construits, sous le règne de Mussolini, les plus beaux studios de cinéma de leur époque, Cinecittà, surnommé l'« Hollywood du Tibre », devenu un mythe grâce aux plus grands noms du cinéma, et Dieu sait si les Italiens sont comédiens ! Cette année 2017, toute l'Italie aura brillé sous l'étoile de la *bellissima* maîtresse de cérémonie de notre festival de Cannes, nous rêverons plus longtemps qu'à les suivre sur un terrain de rugby en admirant la *spumante* Monica Belluci.

---

[1] Le trophée Giuseppe Garibaldi est un trophée de rugby à XV remis depuis 2007 au vainqueur annuel, comptant pour le tournoi des Six Nations entre la France et l'Italie.

Au sport, après avoir pissé, d'une poignée ferme, tu assommes la truite contre le lavabo pour éviter l'auréole sur le short !

En boxe, le moment fatidique, c'est quand ton entraîneur vient frapper à la porte pour le combat. Là, t'as l'impression qu'on va t'amener au mont Valérien pour te fusiller, alors tu gueules, tu dis : « C'est pas moi… » Tes guiboles tremblent comme si tu pissais sur une clôture électrique. T'as une peur bleue, pire que si tu annonçais aux mecs de la Poste que tu supprimes leur machine à café. T'as plus qu'une envie : sauter par la fenêtre !

À LA BOXE, QUAND T'AS MIS TES GANTS ET QUE T'AS ENVIE DE PISSER, T'AS UNE COQUILLE, ALORS T'ES OBLIGÉ DE DEMANDER À TON COACH DE SORTIR « LE TIGRE », ENFIN PLUTÔT « LE CHAT DOMESTIQUE ».

Un entraîneur professionnel, qui gagne 500 000 euros par an doit montrer qu'il souffre et quand il est avec sa femme : « Oui, Jeanine, c'est vrai, je t'ai bien baisé sur la fin, mais il y a eu plusieurs tentatives qui ont fini sur les barres et qui auraient pu finir au fond du filet, je dirais un match correct où on a été solidaires et où la victoire est passée par une brèche à l'arrière. »

J'ÉTAIS PREMIÈRE LIGNE. AU RUGBY, LA PREMIÈRE LIGNE, C'EST LE FER DE LANCE DE L'ÉQUIPE, ON EST UN PEU LES TÊTES PENSANTES DE L'ÉQUIPE, C'EST LA NASA DU RUGBY, ON N'EST PAS CHOISI AU HASARD ! IL Y A DES TESTS : SUR UN ÉTABLI, À DROITE UNE POIGNÉE DE CLOUS, À GAUCHE, DEUX OUTILS – ATTENTION ! PIÈGE –, UN MARTEAU ET UNE PINCE MULTIPLE. LES JOUEURS QUI N'AVAIENT PAS RÉVISÉ LEUR BOÎTE À OUTILS : RECALÉS ! ILS ONT FINI AU FOOT, À SE ROULER PAR TERRE COMME DES FILLETTES DÈS QU'ON LEUR TOUCHE LE SHORT.

J'arrive du sport dégoulinant comme un type qui serait resté sous une gouttière, la preuve d'un vrai décrassage. Je garantis à chaque séance que le moteur est nettoyé à fond et j'en rapporte la preuve à la maison. « Je sue donc je suis. » L'effort et la sueur, je les respecte même si ça dégage une forte odeur d'humidipied.

Le boulot d'entraîneur, c'est très frustrant. Je l'ai fait, « entraîner ». C'est rassurant, tu restes avec les tiens. T'es là, sur le bord du terrain, comme un impuissant qui regarderait depuis le bord du lit sa femme se faire grimper par un homme qui pourrait. Tu ne peux rien faire, tu gueules, t'analyses, mais tu jouis pas !

Au rugby

je n'ai pas peur de le dire, j'ai triché toutes ces années. J'ai fait semblant, j'ai joué le jeu, puis il a fallu que je me libère d'un poids alors j'ai tout avoué : je suis hétéro et alors pourquoi j'aurais pas le droit de le dire ? Parce que je joue au rugby ?!

La popularité du sport, – c'est quand même pas nouveau –, ça régule les sociétés dans ses humeurs, moins il y a de boulot, plus il y a de misère… Et plus il y a d'abonnés Canal, pas pour le cinoche, mais pour « Brest-Lorient » et aussi pour « bite en bois et fente en carton ». Mais ça, c'est seulement le premier samedi du mois.

UN ENTRAÎNEUR, C'EST JAMAIS CONTENT. CE NE SONT PAS DES LANGUES DE BOIS QU'ILS ONT, CE SONT DES LANGUES DE BÉTON.

J'en connais un autre, vous le reconnaîtrez… Le rythme cardiaque d'un lézard au soleil, le dynamisme d'un canard gavé de maïs, le gars comme un comptable qui t'explique que l'objectif, quand t'es deuxième, c'est de ne pas descendre, que le groupe évolue dans une bonne ambiance, le tout dépourvu de toute forme d'humour !

Quand un gars se blessait au rugby, le président du club disait : « Je vais lui faire une compresse de 1 500 francs sur le genou et vous verrez que dimanche il va courir comme un lapin sur le terrain… » Et le dimanche, on le regardait courir !

Bernard Laporte, ami d'enfance et très bon entraîneur. Et tu sais pourquoi c'était un très bon entraîneur ? Parce qu'il n'avait pas son pareil pour nous remonter les uns contre les autres. Il aiguisait notre agressivité et faisait de nous des enragés !

UN ENTRAÎNEUR PRO DE FOOT SE PASSE EN BOUCLE LE VIEIL HOMME ET L'ENFANT OU LE JOURNAL D'ANNE FRANCK AVANT D'ALLER AUX CONFÉRENCES DE PRESSE POUR ÊTRE SÛR D'ÊTRE AU BORD DES LARMES.

Madame

Au nom du risque zéro, je vais vous parler d'un endroit, ou plutôt d'un espace culturel, d'un cercle de poètes incompris où l'on assèche les protagonistes de leurs talents et de leur liberté de pousser !

On a décrété la mêlée fermée, cette phase de combat ne sera plus cette rugueuse, aimante, faite pendant le match, mais surtout mille fois refaite après. On nous l'aseptise, avant de nous la supprimer, on nous la rend fade comme une corrida, sans banderilles, sans mise à mort. Le menuisier est déjà en train de prendre ses mesures, on n'ose penser qu'ils ont déjà commandé le croque-mort ! La guillotine était appelée autrefois « la veuve » car ses maris ne s'amusaient jamais trop longtemps sur ses genoux, mais elle, la mêlée, combien laissera-t-elle d'orphelins élevés à sa mamelle, les yeux mouillés ?

C'était une grande famille, tous ses petits se rassemblaient et l'on aurait aimé connaître le père, ce solide gaillard aux bras courts, épais, et à l'encolure large, aux épaules fuyantes ou carrées, « trapézé » à l'extrême, aux oreilles gonflées comme deux petits coussins douillets de couturière, ceux que l'on pique d'aiguilles pour ne pas perdre ces dernières.

On reproche, à juste titre, aux corporations disparues de ne pas avoir initié ou partagé en temps voulu leurs secrets. Certes, parfois la mêlée se fermait en sa base la plus classique, mais s'ouvrait près des lignes adverses, aspirant dans son antre un ailier costaud, un demi-de-mêlée amoureux de ses « gros » pour une ultime explosion d'efforts, accouchant dans l'en-but adverse. Pas sectaire pour deux sous, elle permettait à ces derniers de venir s'amuser quelques instants avec ses enfants turbulents.

Alors pourquoi condamne t-on la mêlée ? Le risque zéro d'un sport qui, à l'image de sa société, ne voudrait en aucun cas abîmer ses jolies têtes blondes, alors qu'au même moment elles perdent leurs yeux sur des ordinateurs portables, dans des chats, des mails sans fin et surtout des contenus provoquant, à plus grande échelle, des paralysies irréversibles du bulbe, beaucoup plus que des lésions cervicales. Et que fait-on des vertus éducatrices, chevaleresques que cette femme rigoureuse, mais ô combien juste, nous servait dans ses déjeuners dominicaux ? La moindre incartade et la tricherie étaient condamnées. Combien de pousseurs en travers se faisaient remettre le nez droit ! Seuls ses fils et quelques amis de la famille qui l'ont côtoyée de près peuvent ressentir les bienfaits de ses services, le baume au corps mais aussi à l'âme qu'elle aura prodigué à travers ce siècle.

Je vois des gens s'amasser aux portes de l'église, des hommes engoncés dans des costumes noirs, la tête basse, honteux d'avoir laissé leur mère sans assistance, mourir à petit feu des mauvaises règles à l'égard d'un mauvais traitement qu'on lui ordonnançait depuis des années. Les plus anciens qui l'ont connue du temps de sa jeunesse disaient qu'elle n'avait plus ses appuis, qu'elle perdait l'équilibre et que son impact avait perdu de sa superbe. Au fil du temps, on lui avait retiré ses fils très jeune, elle ne les formait plus que sur le tard, et les mauvais plis, quand ils sont pris, ne se rattrapent plus. C'est ainsi qu'après quelques accidents fréquents, par manque d'apprentissage, on décida de lui enlever ses enfants.

Plus tard, au coin d'un pub ou d'une buvette d'après match, vous pourrez apercevoir une bande de trapus parlant la voix grave avec des gestes empruntés… N'ayez crainte, approchez-vous d'eux le plus possible, ils doivent encore parler d'elle… et de leur liberté de pousser.

Quand Vincent écrit sur Guy Noves, sélectionneur de l'équipe de France

Mets de l'huile

« Un torrent de cailloux roule dans ton accent... » Les victoires sont chantantes, l'accent occitan rocailleux roule, la salive est fluide, lavée, filtrée par les cailloux, l'haleine est fraîche, parfumée. Tout y est décrit, l'ego des protagonistes est flatté, décrivant tout, même la chance qui, pourtant, elle, ne peut se raconter. On se flatte, on se pommade, mon Dieu que c'est bon... Puis l'orage éclate, pas d'un coup, les prévisions rugbytéorologiques annoncent du mauvais temps depuis plusieurs mois, mais comme on dit souvent « Il ne pleut que sur les mouillés », alors pourquoi prendre un parapluie ?

Guy Noves est un drôle de mec, comme tous les entraîneurs du monde, il est atypique et ne supporte pas grand-chose, l'échec lui fait l'effet d'un cancer qui lui ronge les os. Mais il faut se battre pour que la maladie ne lui remonte pas jusqu'au bulbe.

À trop vouloir expliquer les victoires, les gens veulent quelques infos sur les défaites. C'est là que ça bloque, notre Guitou s'excite, s'énerve, s'agace, fustige, à deux doigts de la molestation. On le comprend, couvert de postillons de journalistes qui l'interrogent munis d'un protège-dents, notre homme est lassé de finir les entretiens trempé de la tête aux pieds.

T'inquiète pas Guy, t'es pas tout seul, respire, prends l'air, va faire un tour de vélo et si le pédalier grince, fais pas comme dans ta vie de tous les jours, change tes habitudes... Mets de l'huile.

PAROLES & IMAGES

Le bouquet Canal satellite, la live box et France Télécom, Orange ou plus simplement le petit écran vous proposent un fossoyeur de légendes sportives intitulées ESPN. Pour maintenir une légende vivante, il ne faut jamais la voir, la rencontrer ou l'écouter. Mais en entendre simplement parler permet d'en faire une interprétation personnelle, un fantasme que la diffusion de ses exploits et faits d'armes d'antan projetés sur l'écran égratigne… La beauté chevaleresque, érotique, des tournois non télévisés des années soixante racontés par des plumes passionnées et des transistors grésillants, laissait libre court à l'imagination.

La capacité du cerveau à transcrire des images après écoute embellissait la réalité. Une percée d'André Boniface, suivant si l'on était de Mont-de-Marsan ou de Dax, pouvait varier d'une cinquantaine de mètres, la poussée en mêlée d'Amédée Domenech ou la puissance de reins d'un Gérard Cholley, dans la bouche d'un Roger Couderc, faisait rougir de plaisir les adolescentes dans leur chaumière, mais bien moins que les chisteras angéliques d'un Jo Maso au sourire de Jim Morrison. Et puis la télévision arriva avec son cortège de rétrospectives qui plongeaient dans un désert imaginatif ces anciens adolescents, habitués aux constructions visuelles personnelles. L'imaginaire jeté dans la corbeille avec le vieux poste à lampes, les héros des récits d'autrefois allaient être mis à poil. L'exploit n'est plus raconté, il est vu en direct, flinguant le rêve aux qualités imprécises et les conversations de bistrot. Le bénéfice du doute était encore accordé aux anciens joueurs, qui entretenaient la légende de leurs propres exploits. Pas pour longtemps !

« l'exploit n'est plus raconté, il est vu en direct »

ESPN a mis fin à toutes les supputations, l'image prenait la place du récit. Aïe, ça fait mal…
Mais il faut s'habituer à ce que la percée d'André Boniface ne fasse que douze mètres et que la charge dévastatrice des Rapetous ne renverse pas trois chaises. Cristallisés par les récits, mais démystifiés par les images. Que dire d'autre dans ces cas-là ? « Sept lettres », « pas mieux », « eh merde ! ».

L'idée m'est venue de plastiquer les bureaux de cette télé de traîtres, située juste au-dessous de RMC. J'honorais ainsi les anciens. Ça ne change rien pour nous, vous étiez beaux André, Jo et Jean, et vous le resterez ! L'action du moment est toujours la plus belle, la fraîcheur de ces hommes reste à jamais, mais il est vrai que le sport ne vieillit pas, au contraire du vin qui, lui, fait vieillir les vieux sportifs. Un match de rugby n'est pas un vieux film avec Jean Gabin, on ne peut pas le revoir, juste en parler, en ajoutant çà et là les quelques mètres de la percée d'André, injustement volés par ESPN (les fumiers).

Le rugby, comme le foot, ne se vit que dans l'enthousiasme de l'instant, éphémère, il retombe comme un soufflé, ne laissant – et c'est le plus important – que la sensation de ses sentiments.

Jacques Chaban-Delmas, un jour, raconta à Christine Ockrent le souvenir qu'il aurait, à vie, d'un combat Jack Dempsey-Georges Carpentier. Il écoutait ce combat avec son père au transistor, son récit était extraordinaire, bien mieux que n'importe quel combat de Myke Tyson. J'ai revu ce combat sur ESPN, il n'avait rien à voir avec sa description. Pourtant l'homme de 83 ans ne mentait pas, il était en accord parfait avec ses sentiments du moment et les images qu'il s'était fabriquées. Toutes les époques prennent un coup de vieux, mais pas nos ressentis, nos souvenirs. Imaginez-vous, dans vingt ans, revoir le match du week-end dernier…

RIEN NE VA PLUS

Faites vos jeux, vous connaissez la suite... « Les jeux sont faits ! »... Mais là on ne joue plus, quelle importance, de toute façon, on ne parle plus de jeux... Que de vilains ! Pourtant, ne vous méprenez pas, pas l'ombre d'un jeu de main, quoique...

Dans certains milieux, on se serre la main comme le prolongement d'un bras tendu pour un salut ! Comprenez-moi, je ne parle pas de la poignée de main moite, molle ou rude, ou encore de la conviviale ! Non ! Je parle du salut suivi d'un bruit de bottes, d'un menton relevé et d'un vomi verbal. « Heil ! » ou plutôt « aïe ! ». J'ai mal à l'homme tant ces cycles récurrents s'accrochent comme une vérole sur un mâle malade. La contemplation, l'écoute de la tribune Boulogne au PSG nous plongent dans un bain de merde que même un karcher puissant n'arriverait pas à décaper.

Comment un club, comment le foot, sport planétaire, professionnel à l'extrême, s'est permis, sans broncher, de se laisser salir ainsi ? Alors on entendra les éternels refrains : « C'est le reflet de notre société. » On en a marre d'écouter ces intellos mous du genou, ces politiciens flasques comme des flans Mireille, vous savez ? Ceux que l'on renverse d'un coup de main et que l'on vide par le cul de son caramel liquide qui nous rappelle la chiasse dans la culotte de ces dirigeants trop laxistes. Jusqu'à quand allons-nous les supporter sans broncher ? Notre chère démocratie montre parfois ses limites. Ne parlons plus du PSG, tant pis pour eux. Allons plus loin, parlons des autres, ça fera moins mal. Il arrive, notamment en Italie, que la tribune trouve son écho sur le terrain, son ambassadeur en la personne de Di Canio ! Ce joueur, quand il marque un but, il se rapproche de la tribune et va communier avec ses fans en faisant le salut hitlérien. Puni… – mais simplement pour rire – de 5 000 euros d'amende. Il explique que c'était « juste un hommage à Jules César ». Bravissimo ! En enfer, Mussolini doit jouer de la mandoline, toujours suspendu, je l'espère, à son crochet de boucher, en admirant ses petits…

« Mussolini doit jouer de la mandoline »

Rien ne nous sera épargné, pas même la marche silencieuse pour « la victime » du PSG, non rien, voire on la plaint… Il était si jeune, vingt-six ans. Bien sûr que c'est jeune pour mourir, mais pour être un salaud d'antisémite, y a-t-il un âge ? La moyenne d'âge de la division « Das Reich » qui s'est arrêtée à Oradour-sur-Glane en 1944 était bien inférieure. Vingt-deux ans peut-être, vingt-quatre maximum ! La saloperie n'attend pas le nombre des années, alors arrêtons de pardonner l'impardonnable ! On nous rebat les oreilles avec virulence que le sport est un bastion de liberté, de solidarité et d'intégration, mais veillons au grain, car quand on parle souvent des qualités que l'on n'a pas, ou que l'on n'a plus, cela consiste à faire de la communication. Et la communication a ses limites. Et elle a souvent, aussi, des cadavres dans ses tiroirs.

Par excès de confiance, le rugby se sent protégé, tant mieux, car l'amitié et la camaraderie y règnent. On cite souvent ce sport en exemple, continuons sans baisser les bras et surtout sans prétention. Partageons et intégrons sans relâche, ne cédons rien, soyons vigilants à l'extrême, car la bête n'est jamais tout à fait morte !

La frustration place l'individu dans l'attente de quelque chose qui ne se fera pas. Elle réveille ses émotions telles que l'impatience, la colère ou la tristesse. Son utilité est peut-être d'être à l'origine du désir, de la lutte qu'on va mener pour réussir à réaliser ce dont on a envie, autrement dit à se bouger le cul !

LA SÉLECTION DES JOUEURS POUR LA COUPE DU MONDE

Elle symbolise du bonheur pour les uns, l'inexplicable pour les autres et toutes ces émotions se convertissent en une joie excessive, mais souvent pudique. Beaucoup sont passés très près du grincement de dents. Ça ne se joue à rien, mais ce « rien » creuse des différences énormes dans la carrière d'un joueur de rugby. Pour ceux à qui il n'a pas manqué grand-chose, ce « pas grand-chose » les laisse à la maison, seuls, avec leur désarroi… Du vague à l'âme comme s'il en pleuvait, une envie première de fuir cette injustice que l'on ressent, car comment peut-on être d'accord avec un choix qui vous laisse sur le carreau ?

Flot d'amertume qui coule comme le rimmel d'une vieille femme fatiguée en fin de soirée et pourtant le plus dur reste à faire, à subir. La coupe du monde, hélas, celle que tu ne joueras pas, est installée sur ton palier, pas besoin de lui ouvrir la porte, elle est déjà entrée par toutes les ondes qui alimentent radios et télés, et tous les moyens de communication. Tu ne pourras pas y échapper, ton supplice sera quotidien, à la manière de la goutte d'eau qui te tombe sur le crâne à rythme régulier, à te rendre fou.

COUPE D

Souhaiter « Bonne chance » à l'élu, avec le reflux gastrique qui te tord les boyaux, l'envie de vomir, t'interdire d'espérer que sa blessure te ramène dans le groupe. Tellement humain, mais ô combien, à l'inverse de notre sport et de « sa mental ». Tu vas en rêver la nuit, de ces récits de gars repêchés à l'arrache, d'aventures extraordinaires comme celle du noyé qui respire de nouveau. Car rien n'arrête l'enthousiasme débordant de celui qui revit. Et si, dans ce rugby où les hommes s'usent beaucoup, pour la première fois les onze réservistes venaient à participer au bal ? Et pourquoi pas – rêvons un peu – à boire dans la coupe de la mariée ?

Les campagnes de Saint-Denis risquent d'abîmer nos montures, les coups sont raides dans notre sport et la sélection est là pour te rappeler qu'un jour tu n'en feras plus partie. Il n'en reste plus que trente sur le nombre de ceux qui en rêvaient au départ, c'est peu, mais la sélection n'est pas une dame facile, elle tranche dans le lard, meurtrit les âmes et divise. Peu importe qui joue, mais profites-en car ces moments-là sont, pour la plupart, rares, et pour certains, inexistants. On ne se rend pas compte de la souffrance de ne plus y être si on n'y a jamais été…

UN SPORT FRANÇAIS TROP CASSOULET !

Sautant comme un cabri sur sa chaise, le Grand Charles s'exclamait : « L'Europe, l'Europe… » Il en rêvait, de l'Oural à l'Atlantique. Plus que jamais la coupe d'Europe est au fait de l'actualité, dans un combat mal engagé, périlleux, dangereux sûrement. Qu'y a-t-il de plus normal que de vouloir maîtriser et gérer une compétition, si souvent dominée par les Français ? Par des méthodes cachottières, donc ambiguës à souhait, l'organisation de la coupe d'Europe de rugby – l'ERC – se voit montrée du doigt, mais gare au clash ! Malgré une ascension populaire, notre sport reste encore des plus fragile, et nos annonceurs des plus frileux quant à leurs investissements. « Nous préférons être considérés comme des partenaires dans un vrai projet à long terme que, vulgairement, comme des payeurs dans un rugby encore très régional. » Ces propos en disent long sur un investissement trop sud-ouest.

L'heure est à la table ronde et aux discussions, plus qu'à la rupture qu'amènerait un retrait français lors de la prochaine édition européenne. « Collatéraux », car l'absence, le vide d'image prendraient un caractère irréversible, cassant pour notre sport. L'image médiatique d'un sport trop cassoulet, trop amateur, nous oblige à ranger notre ego, à courber l'échine. Tirer sur l'ERC équivaudrait, par ricochet, à nous tirer une balle dans le pied. Selon France2, seule l'équipe de France intéresse le grand public, de Lille à Marseille. La coupe d'Europe, elle, roule trop les « R », aime trop le conflit et la piperade, son retrait des écrans pénaliserait son retour.

Être fort nécessite des alliances qui renforcent la crédibilité des demandeurs, car seuls, nous ressemblerions à une armée révolutionnaire en déroute, promise à l'échec. La force passe par les hommes et les nôtres sont usés, pas d'avoir trop combattu…, mais plutôt dépassés par un rugby qu'ils n'ont jamais vécu !

CONTRASTES

Un demi et l'addition, c'est quand le bal est fini qu'on paye les musiciens ! En juin, le rugby plie boutique, un match amical par-ci, un tournoi humanitaire à Bucarest par-là, une dernière secousse avec les Barbarians au Cap et basta ! Les mutations commencent ou plutôt finissent, rendez-vous fin août quand nos braves seront reposés.
Porte d'Auteuil, le ballet incessant des bagnoles vertes a déjà commencé par un froid de canard – « y a plus de saisons ma bonne dame » —, et c'est pas faute d'avoir été prévenu par des politiciens amoureux de la nature et du pouvoir que l'effet de serre nous tuera si on continue à rouler, mais faut bien les y emmener toutes ces bonnes gens pour fabriquer les bagnoles. Encore un chat qui se mord la queue !

Le sport « paillettes » attaque, c'est un peu brutal mais ça fait du bien de passer un après-midi dans cette faune. C'est fou tous les contrastes que l'on observe dans notre société, ce flux d'images, parfois à l'opposé, qui nous arrivent dans les mirettes. Ici à « Roland », comme disent les vieilles bourges du 16e, déjà bronzées, toujours bronzées, rien ne bouge, la Porte d'Auteuil est une zone à part, une zone franche, le petit Monaco de Paris. Une fois par an, ça fait du bien, pas de capuche, pas de casquette, pas de phrase sans verbe ni sujet, des filles et des fils « bon genre », étudiantes, petites chaussettes et jupes plissées, ça sent la violette, ça repose. Et puis de voir des mecs qui ont du blé et des belles bagnoles, moi ça me fait plaisir. Qu'est-ce que tu veux, parler des pauvres, ça exaspère tout le monde parce que ça ne porte pas chance.

Sais-tu pourquoi Guillaume Canet a fait 5 millions de spectateurs avec son film *Les Petits Mouchoirs* ? Parce que c'est l'histoire d'une bande de potes riches qui séjournent dans une villa à 20 000 euros la semaine au Cap Ferret, qui passent l'aprèm' sur un motor yatch et dont le seul souci est la couleur de la troisième chemise qu'ils porteront en fin de journée. S'il avait écrit et produit *Les Grands Torchons* dans le Larzac, il n'aurait pas fait un pélo !

Pour parler « pauvreté », faut laisser faire les spécialistes, des types qui s'investissent vraiment pour les autres. J'ai une petite pensée pour des camarades télé, ciné, sportifs, qui font leur *coming out* trotskyste, qui dégueulent sur l'oseille avec un aplomb hors du commun, nos nouveaux commandants Marcos vomissant sur le capitalisme…

Revenons à « Roland », envahi, submergé, attaqué par des vagues successives de blondes platine, c'est le Stalingrad de la blonde, mais cela reste chic, sans être trop de mauvais goût, c'est juste en dessous du balourd, à peine un peu pompeux. Un havre de paix, pas une poubelle renversée, pas une HLM, ni de rap en fond sonore, ça fait du bien. Le chômage ? Personne n'en parle, tout le monde a de la tune ou fait semblant, on se prend vite au jeu. Les bleus (les flics) sont là, on sent qu'ils ne craignent ni l'insulte ni le crachat, ils ne sont pas sur les dents, on les sent fraternels, cool, presque aimables.

Les Bleus, c'est aussi notre équipe de France de football, ceux qu'on adore, ceux qu'on vénère... Surtout quand ils arrivent en hélicoptère à l'entraînement ou avec des bagnoles à deux cents briques et des chaînes en or autour du cou, très chic, et là on est dans le chic « mauvais goût », celui qui sent pas bon. Et on ne dit pas « bonjour » au père de famille et ses trois enfants qui n'espèrent même pas un autographe, juste un regard, un signe de la main comme la reine d'Angleterre, juste un peu de civisme. On parle d'exemple pour nos banlieues, je crois que ces footeux sont pris en modèle. L'argent... Être riche, ça s'apprend ! Ah, qu'on les regrette les Lizarazu, Desailly, Deschamps, Blanc... Ils rendaient Barthez moins con !

Certains d'entre eux se rendent à Roland-Garros sans avoir compris que l'exemple était sur les courts de tennis et pas dans le grand bluff de quelques VIP « m'as-tu vu ? » installés au bord du court, la Porsche garée devant le grand portail. Il ne faut pas « faire le riche » quand on n'a pas le sou... d'intelligence. Que revienne vite le mois de septembre pour rétablir l'équilibre, le juste milieu social, et qu'on aille voir Bayonne-Montferrand Porte de Saint-Cloud, à Jean-Bouin, situé entre Roland-Garros et... le Parc des Princes.

Avec Vincent, Laurent Vergé, Philippe Gimbert
et Serge Simon : les Rapetou !

MOSCATO
PHILOSOPHE

Tout file

Le temps : mouvement ininterrompu par lequel le présent devient le passé, alors qu'on est déjà dans le futur… Et ça, c'est irréversible ! Pour un type comme moi qui, à l'école, s'est arrêté à l'ardoise, crois-moi, c'est un casse-tête !

Mon Dieu que cela passe vite… Ce fut au départ une impression presque de lenteur, comme si rien n'avançait assez vite, une sensation molle des matchs ou des saisons qui s'écoulent goutte à goutte. L'envie déjà de passer à demain, de vouloir tout avaler d'un seul coup, parfois même sans identifier la saveur, sans reconnaissance, en lâchant un rot, oh pas le rot du salaud, bien sûr que non ! Plutôt celui de l'insouciant touché par la grâce.

« Donner du bonheur aux gens »

Tout comme si être bon, courir vite, étaient un dû et que tout le monde était logé à la même enseigne, celle du plaisir maquillé parfois dans les mots par des expressions sournoises inventées toujours par des faux humbles comme « donner du bonheur aux gens »… Petit blaireau prétentieux, occupe-toi surtout du tien, car celui-là va vite passer ! Ne fais pas comme tout le monde dans la messe sociale, masquant souvent, pour ceux qui en abusent, un égoïsme forcené, une tricherie de caractère de plus. On parle souvent avec exagération des qualités que l'on n'a pas.

Profite de ta valeur, le plaisir de cette jouissance sportive éphémère, elle ne tient pas longtemps sur l'étagère des souvenirs, seule la rencontre avec les hommes est impérissable. Gère ton oseille, ta réussite te met en position de force et la fameuse expression « pas d'avoine, pas de cheval », profites-en bien car il viendra le temps ou, comme tout le monde, « ils » te mettront au pré à bouffer toute la journée comme un vieux canasson. Le plus dur, c'est qu'avec la disparition des boucheries chevalines, la vie des joueurs s'est rallongée terriblement, autant que leur tour de taille… enfin de panse !

Et puis viendra le moment où le carbu commencera à s'encrasser, tu n'hésiteras pas à te mentir, à te dire que tu peux continuer, c'est là que l'on jugera de ta lucidité. Ce n'est jamais facile de stopper net, mais crois-moi, traîner laisse parfois un mauvais goût dans la bouche, et surtout dans celles des autres.

Un jour, j'ai senti que le moment était venu de sortir du jeu, qu'il était temps d'enfiler des pantalons, car le short sur les vieux ça le fait pas vraiment, à cause des varices, et puis les gosses qui arrivent, des juniors sans pitié souvent, sont facilement moqueurs !

L'envie pour ceux qui le *désirent...*

La première des choses, c'est l'envie... Combien de fois au cours de votre existence cette phrase vous résonne dans les oreilles ? À l'école déjà, pour contourner le fait que vous êtes un cancre, le prof explique à vos parents que vous n'êtes pas idiot, mais que vous manquez d'envie !

L'envie, c'est spécial, il faut la manipuler avec précaution. Trop d'envie, c'est l'excès... Et l'excès amène la faute bête. La fameuse « faute bête » que l'on met en évidence dans le sport à longueur de séances vidéo. Celle qui fait perdre à la dernière minute, que les sportifs se promettent de ne jamais refaire ! Rien n'y fait, le corps médical s'interroge, ostéopathes, guérisseurs, avec leurs assortiments de pommades et de prières, essayent d'éradiquer la bête.

La maladresse ne se confond pas avec les actes liés à l'ennui, au manque d'envie, à la mollesse, au fait d'être blasé, usé jusqu'à la corde comme si t'avais déjà gagné ton trophée. Le manque d'envie, c'est autre chose et quand y'en a plus, y'en a plus...

Alors toi qui lis, regarde-moi bien en face, car ensuite tu vas t'envoyer en l'air comme un champion de trampoline, parce que sans envie tu finis la lecture, et c'est là que je te dis : l'envie c'est le sentiment de faire les choses, de les dominer, de ne jamais subir, c'est un produit qui ne s'achète pas chez l'épicier du coin, à part peut-être à Béziers. Oui, ces sucreries qu'on appelle les « envies de Béziers », celles-là, à part coller aux dents, ne te remontent jamais le moral ! L'envie c'est le désir, le souhait d'obtenir, mais comment faire quand on possède déjà ? L'envie, c'est comme la poudre que les Chinois ont inventée, et le proverbe dit : « Depuis que les Chinois ont inventé la poudre, il n'y a plus d'hommes forts. » Mais l'envie comme la poudre dans une cartouche, ça se recharge, enlève-toi le plomb que t'as pris dans les fesses et qui t'a mis à terre, secoue-toi et pense à tout ce que t'as fait jusque-là. Embrasse la méthode Coué en pensant que la seule envie qui compte, c'est « l'envie d'avoir envie ».

L'apparence

On n'échappe pas à l'apparence, parce que l'apparence, c'est la représentation de soi, faute de quoi on n'existe pas. Cependant, le plus important n'est pas la cohérence entre le physique et ce que l'on pense, c'est l'estime qu'on a de soi et elle dépend de nos aspirations et de nos succès. L'estime de soi, c'est aussi l'opinion favorable qu'on porte sur quelqu'un, le respect des règles morales que l'on partage. C'est ressentir l'attache sincère pour une personne, c'est réfléchir avant d'agir, faire des choix dont la référence est le respect d'autrui, le respect de soi. J'ai compris qu'il y avait un décalage entre l'image que les autres ont de moi et ce que je vis intensément tous les jours. Je me souviens du vocabulaire d'accueil particulièrement ordurier de certains lors de mon arrivée à Toulon quand je jouais au rugby. Je les écoutais, ils étaient là sur le bord de la touche, je les regardais m'insulter, je n'étais pas indifférent, mais c'était comme ça… On s'est rasé la tête à l'époque, avec Simon et Gimbert, on s'est bien marré, c'était poussif et ça a dépassé l'image qu'on avait souhaité donner de nous !

La vie est précieuse, peu importe ton bagage affectif, on naît tout seul, on meurt tout seul, on espère avec le cœur ceux qui seront près de nous à la fin du chemin…

Je suis fils d'immigrés italiens, mon père est mort quand j'avais quatre ans et j'ai gardé ce goût poisseux de la solitude, de l'abandon de l'adolescence. Je me suis barré à seize ans, j'étais dans la galère, j'étais mal. J'avais la haine facile, mon but n'a jamais été d'avoir des amis, j'ai toujours voulu pouvoir dire ce que je pense. Tout ce qui m'est arrivé de bien ou de mal, c'est de ma faute.

J'ai joué au rugby parce que la région s'y prêtait. Tu vis à Gaillac, tu joues au rugby, à Marseille c'est le foot. J'étais gosse et j'ai trouvé une famille dans le rugby, je sentais que je pourrais faire mes preuves, ressentir de la joie, recevoir de l'affection. J'avais dix ans, j'étais en pensionnat, je rêvais de monter sur un ring. En boxe comme au rugby, j'ai dû m'adapter, la vie est bonne lorsqu'on est prêt à surmonter les épreuves de l'adaptation. Le vrai courage, c'est ça !

Si je croise le Bon Dieu, j'ai deux-trois trucs à lui dire, à commencer par lui conseiller de relustrer la carrosserie parce que ses vieux miracles annoncés il y a deux mille ans, même les gosses de cinq ans n'y croient plus. Je ne dis pas que je ne crois pas, je dis simplement que j'ai quelques doutes sur l'éternité. Je comprends le besoin de croire, la difficulté de partir, l'angoisse de l'au-delà, mais de là à raconter des saucisses en chapelets comme ce que balance la Bible... Faudrait voir à réactualiser.

LA RECONVERSION :
Faut que tu t'accroches, t'es comme un vieux couteau, faut être prêt à couiner sur la meule. Ils t'aiguisent pas, les employeurs, ils t'usent ! Et à moins d'un bon emploi fictif chez un partenaire ou une administration régionale, tu finis rouillé !

« LE BON DIEU MET À L'ABRI DU DÉSESPOIR. »

« SOYEZ ASSURÉ QUE LE BIEN DÉFAIT TOUJOURS LE MAL. »

NICOLAS BOUKHRIEF, RÉALISATEUR DE L'EXCELLENT FILM *LA CONFESSION*, ADAPTATION DU ROMAN DE BÉATRIX BECK, *LÉON MORIN, PRÊTRE*.

C'est vrai, mais souvent c'est long, mais ça fait du bien... Surtout quand on est dur au mal !

« QUI VOUS DIT QUE L'EFFORT N'A PAS PLUS DE VALEUR QUE LA FOI ? »

NICOLAS BOUKHRIEF

J'en ai jamais vu qui transpirait en priant, mais on est nombreux à avoir sué pour comprendre l'inexplicable...

Mes racines, ce n'est pas seulement un lieu de naissance, c'est une manière de vivre, une culture, une éducation, un clan, une façon de manger, de respirer, de rire. Rien de plus et pourtant c'est l'essentiel. Tu peux changer d'endroit, de maison, de rue, tu ne changes pas forcément pour autant. La façon de parler, l'accent, c'est l'identité, c'est le référent. Une odeur te rappelle un plein de souvenirs, un paysage te remplit les yeux de bonheur.

15 QUESTIONS À VINCENT MOSCATO

COMMENT NAISSENT LES CONVICTIONS FASCISTES ?

Vincent : Comme tous les extrêmes, ça part d'un ras-le-bol général et il y a un bouc émissaire. Donc ça devient du nationalisme, tu te resserres sur toi, tu te resserres avec ceux de ton clan, ceux de la même appartenance, de la même race, de la même classe ou de la même pensée politique et tu es extrême dans tout ce qui t'oppose aux autres. Ça part d'une exaspération très profonde. Souvent le communisme, le nazisme ont les mêmes leviers. Après, le reste, c'est la philosophie de base, le marxisme, c'est différent. Mais la résultante est la haine de l'autre, la haine de l'Occident, la haine des juifs de la part des communistes, la haine de l'argent, la haine de celui qui a du bien, c'est toujours très malsain. Ce qui n'est pas comme toi t'insupporte et c'est exacerbé. Ce sont les bases du nazisme, avec en plus la religion, la race. Et tu as le bouquet final qui est explosif. Ça fait partie des hommes. C'est triste à dire, mais c'est humain.

PEUT-ON SE PASSER DE RELIGION ? DEPUIS UNE QUARANTAINE D'ANNÉES, LES LIEUX DE CULTE SE VIDENT, LE NOMBRE DE PERSONNES SANS CONFESSION NE CESSE D'AUGMENTER. EST-CE QUE L'ON VA VERS UN MONDE SANS DIEU ?

Vincent : On a justement l'impression qu'on peut avancer dans un monde sans religion et en même temps, il y a de plus en plus de mosquées, de plus en plus de pratiquants. S'il est vrai que la religion catholique est en perte de vitesse en Europe, la religion musulmane gagne du terrain. C'est la peur de la mort, du vide qui fait que tu agrémentes ça de quelque chose qui n'existe pas, qui est impalpable, improuvable. Comme c'est la religion, tu baisses la tête et tu acquiesces. Le pouvoir de la religion est terrible parce qu'il ne s'appuie sur rien. Il n'y a aucune véracité dans ce que t'explique la religion, mais on l'accepte parce que c'est de la spiritualité. Tu peux faire faire n'importe quoi à n'importe qui, comme on le voit maintenant avec les intégristes.

OÙ SONT NOS RACINES ?

Vincent : Elles sont européennes, elles sont celtes… Tout le monde a ses racines. Elles sont multiples mais on va parler avant tout de nous, de l'Europe, de Clovis, des Gaulois, de Charlemagne… C'est notre passé, notre histoire. Nos ancêtres, c'est Louis XIV, Louis XVI, Napoléon. C'est la religion judéo-chrétienne. Tout cela a façonné notre pays qui est devenu après la Révolution de 1789 une république, qui a des lettres de noblesse mais aussi des zones d'ombre.

POUR TOI, NOS RACINES SONT DANS NOTRE HISTOIRE ?

Vincent : Bien sûr. Notre histoire fait notre éducation et c'est un mode de vie.

EST-CE QUE LA GUERRE EST UN PRÉTEXTE TROUVÉ PAR LES HOMMES POUR DÉPENSER LEUR SURPLUS DE PRODUCTION ÉNERGÉTIQUE ?

Vincent : Non, la guerre n'est pas un surplus inventé par les hommes. C'est une exaspération, c'est vouloir ce que l'autre possède. On ne déclenche pas une guerre pour une histoire d'économie liée à la guerre, c'est-à-dire la fabrication des canons… On ne fait pas les guerres pour ça. On fait des guerres parfois économiques pour le pétrole, pour plein d'autres choses. Auparavant c'était pour un gain de terrain, de pouvoir. À l'époque, quand tu perdais la guerre de 1870, on te prenait l'Alsace et la Lorraine. C'était important d'annexer des régions. Mais maintenant, ce sont des conflits religieux, des conflits liés à des territoires aussi : Palestine, Israël. On ne fait pas une guerre pour fabriquer des canons et des balles.

C'est une conséquence. Bien sûr, il y en a toujours un qui s'enrichit, mais il ne s'agit pas seulement d'écouler un stock d'armes.

DANS TOUTES LES SITUATIONS, TANT HISTORIQUES – LES BATAILLES, LES GUERRES – QUE LES SITUATIONS DU QUOTIDIEN – TOI DANS UN MATCH DE RUGBY OU FACE À UN AUTRE HOMME DANS UN CONFLIT –, COMMENT NE PAS PERDRE LA FACE ?

Vincent : Perdre la face ou pas, ce n'est pas le problème. C'est comment s'en sortir. Dans les sociétés qui ne sont pas en guerre, peu de gens peuvent appréhender ce genre de choses. On parle de violence, bien entendu, on ne parle pas de philosophie. Comment tu t'en sors ? Comme tu peux surtout. Ce qu'il faut, c'est sauver ta vie. Il n'y a pas de face à sauver. Quand on parle de sauver la face, ça veut dire une espèce d'orgueil, quelque chose d'un peu léger. Avoir de l'orgueil quand il s'agit de vie ou de mort, c'est très léger. Là, l'important, c'est de sauver sa peau, c'est pas de sauver la face.

LE RESPECT RELÈVE-T-IL D'UN DROIT OU D'UNE CONQUÊTE ?

Vincent : Ça peut être complètement les deux. D'un droit d'abord, parce que chacun a le droit d'être respecté. C'est un droit de l'homme, c'est le droit au respect des anciens, c'est le droit au respect des enfants. Ça doit faire partie des règles. Et tu peux être respecté parce que tu as eu une conquête sportive, une conquête du pouvoir qui fait que tu imposes le respect par rapport aux autres. Les deux, mon commandant !

QUE FAIRE DE NOS DOULEURS, ES-TU POUR LES EFFACER ARTIFICIELLEMENT ? EST-CE QUE TU PENSES QU'ON DOIT AVOIR ACCÈS À TOUT CE QUI NOUS PERMET D'EFFACER LES DOULEURS MENTALES OU PHYSIQUES ?

Vincent : Je crois que les douleurs physiques, si tu peux les effacer avec la science, avec la médecine, alors tant mieux. Les douleurs mentales aussi. Ce qui consiste à te rendre le parcours moins douloureux, je suis pour. Pas à n'importe quel prix. Avec une médecine qui tient la route, pas avec une médecine de sorcier. Bien entendu tu peux te servir des moyens qu'il y a pour éviter les souffrances, qu'elles soient mentales ou physiques. Je n'ai aucun souci par rapport à ça.

ON VOIT DE PLUS EN PLUS DE GENS QUI FONT DU SPORT EXAGÉRÉMENT OU DE LA CHIRURGIE ESTHÉTIQUE. EST-CE QUE POUR TOI, CHANGER SON CORPS C'EST DEVENIR QUELQU'UN D'AUTRE ?

Vincent : Il y a peu de gens qui changent de corps. Tu peux faire de la muscu ou du sport, mais tu ne vas pas changer de corps. Tu vas t'entretenir, tu vas surtout essayer de retenir ta jeunesse un maximum, essayer de parer au temps qui passe à coups de barre de muscu. Changer de corps, ce serait pour des bodybuilders qui, dans un excès incroyable, passeraient de soixante-dix kilos à cent vingt. Ceux-là sont très rares. Ça, c'est une maladie, du narcissisme, un vrai déséquilibre. Après, il y a de tout, on rencontre tout, mais c'est une vraie addiction. La musculation, le bodybuilding, c'est une vraie addiction pour ceux qui les pratiquent.

QUELLES SONT LES VALEURS PREMIÈRES À INCULQUER AUX ENFANTS ? ET JUSQU'OÙ PEUT-ON LES IMPOSER ? QUELLES SONT LES PLUS IMPORTANTES ET QUE FAIRE S'ILS NE LES SUIVENT PAS ?

Vincent : Il faut bien savoir que tes parents n'ont pas la responsabilité de ta valeur. Ils n'ont pas cette responsabilité. C'est trop facile, c'est le grand truc à la mode, depuis les grands psychologues, de penser qu'on est construit que par rapport à son héritage. Je n'y crois pas. On se construit par rapport à nous-même, par rapport à ce que l'on se crée. Après, c'est plus facile de se protéger en disant que l'on s'est construit par rapport à ses parents. Ç'a été les grandes défenses des avocats pour, bien sûr, limiter la casse dans des procès de pédophilie où ils retraçaient tout le temps l'enfance du criminel. Ce qui n'est pas faux. Maintenant, tu te construis au fil des années toi-même beaucoup plus qu'avec tes parents. Bien entendu, quand tu as des gosses, tu essayes de leur inculquer certaines « valeurs » – ce mot est tellement employé qu'il est devenu monnaie courante et n'a plus trop de valeur – que l'on connaît : éducative, liée à notre histoire, au respect des parents, à la tradition, à plein de choses. Tout ça a été jeté aux orties pendant des années et, bien entendu, quand toutes ces valeurs sont jetées aux orties, se place au milieu quelque chose d'extrême : l'extrême droite, l'extrême gauche qui font un rappel à ces valeurs. Ou l'intégrisme qui est un nazisme, un fascisme religieux. Quand tu relâches trop, la nature a horreur du vide et au milieu se mettent des extrêmes, automatiquement. Quand ça part en sucette, la place n'est plus aux gens qui ont du recul, de l'intelligence. Les extrêmes s'y placent. Religieux ou politiques.

QUELLE EST LA DIFFÉRENCE ENTRE L'AMITIÉ ET L'AMOUR ?

Vincent : Tu peux avoir de l'amitié à plusieurs. L'amour, tu l'as pour une personne. Tout simplement.

QU'EST-CE QUI TE FAIT RIRE LE PLUS ?

Vincent : Les choses de la vie, ce qui me surprend. La blague qui me surprend, le bon mot, le geste… Ce qui était parfait qui tout d'un coup déraille complètement, ça, c'est très drôle.

CE QUE TU UTILISES PRINCIPALEMENT POUR TRAVAILLER, C'EST L'HUMOUR. D'APRÈS TOI, DE QUOI L'HUMOUR NOUS SAUVE-T-IL ?

Vincent : L'humour sauve, on parle de la bonne humeur. La bonne humeur sauve, le rire sauve. Il sauve comme la respiration, comme la nourriture, comme plein de choses. Mais ce sont des expressions un peu modernes : « l'humour sauve », « il guérit du cancer », « il fait marcher sur l'eau »… C'est pas vrai tout ça. L'humour est un complément. Il fait partie de la vie depuis Mathusalem. Il fait partie de la vie, point, à la ligne. Il ne sauve en rien. Au Bangladesh, il n'apporte pas de l'eau ni du riz. L'humour fait passer un bon moment, c'est assez agréable. Mais l'humour n'empêche pas les guerres, les famines, la misère et les dépressifs. Le mec qu'est dépressif, tu peux lui raconter des blagues, il est dépressif, il broie du noir. L'humour guérit un peu de la morosité, mais ça ne guérit que sur l'instant.

CROIS-TU QUE LA LIBIDO EST LE CARBURANT DE TOUTES LES ACTIVITÉS HUMAINES ? QUE LE PLAISIR SEXUEL EST UN MODÈLE DE BONHEUR ET DE JOIE ?

Vincent : C'est tellement personnel, c'est tellement vaste comme question… Bien entendu, si tu es heureux en amour, si tu baises avec ta femme, si tu es amoureux de quelqu'un, c'est bien… J'ai connu des mecs qui baisaient beaucoup, mais qui n'étaient pas heureux. Ce n'est pas la libido qui transforme un homme. Tu es heureux parce que tu es avec quelqu'un que tu aimes fort et qui t'aime. Je ne suis pas persuadé qu'une pute qui baise vingt mecs par jour soit très heureuse de sa vie. Ça n'a rien à voir, le sexe n'a rien à voir avec le bonheur. C'est l'amour qui est lié au bonheur, pas le sexe.

EST-CE QUE TU CROIS QUE LA LIBÉRATION DES MŒURS, LA BANALISATION DU DISCOURS ET DES PRATIQUES DE LA SEXUALITÉ CRÉENT UN DÉSENCHANTEMENT ?

Vincent : Je ne suis pas sûr. La banalisation éxiste depuis des milliers d'années. Chez les Grecs, les Romains…, le sexe était complètement banalisé. Les légionnaires étaient souvent en binômes, avec une homosexualité très présente. C'était très banal, il n'y avait rien d'original. C'est la religion qui nous a brimés là-dessus, qui a brimé le sexe. Je crois que maintenant ça devient normal et chacun y trouve son bonheur. Tu n'es pas obligé de te branler sur ton téléphone et de l'envoyer sur Facebook. Une fois qu'un gamin a vu vingt films pornos, s'il en regarde cinquante, c'est un malade. Depuis la nuit des temps, les choses n'ont pas bougé. Elles ont évolué peut-être par rapport à nos générations, à la génération de nos parents. Mais par rapport à toute l'histoire, ça n'a pas vraiment bougé. Je ne pense pas que le Marquis de Sade soit en retard sur les sextos et toute cette merde.

EST-CE QUE TU CROIS QUE FAIRE L'AMOUR PERMET DE DÉPASSER UNE COMMUNICATION DIFFICILE, DE TRANSFORMER UNE COMMUNICATION DIFFICILE ENTRE DEUX ÊTRES POUR EN FAIRE UNE AUTHENTIQUE COMMUNION ET METTRE LES GENS D'ÉGAL À ÉGAL ?

Vincent : Le gros problème avec cette psychologie, c'est qu'on analyse tout et qu'on pense que tout est lié. Je ne crois pas que tout soit lié. Tu peux être très heureux en faisant l'amour avec ta femme et être malheureux dans ta vie. Tu peux faire l'amour avec ta femme, qu'elle ait des sensations très fortes, l'aimer très fort, et qu'il n'y ait pas d'égalité entre vous. Je ne suis pas persuadé que faire l'amour, même avec plaisir et bonheur avec ton épouse, résolve beaucoup de choses dans ta vie. Je crois qu'il faut compartimenter les choses. Tout n'est pas lié. Il y a des choses qui sont liées et d'autres qui ne le sont pas. C'est pas parce que ton père est un sale con que tu dois être un sale con. Souvent, on le voit bien en général, quand le grand-père était un con, le fils est un con, le petit-fils est un con. C'est l'histoire des peuples, c'est comme ça. Quand un pays a un prix Nobel, souvent il y en a plusieurs. Quand un pays est con comme une malle, il reste con comme une malle pendant des générations. T'y peux rien, c'est génétique. La bêtise se transmet.

LE PHILOSOPHE ET PENSEUR DIDEROT DISAIT : « IL Y A UN PEU DE TESTICULE AU FOND DE NOS SENTIMENTS LES PLUS SUBLIMES. » EST-CE QUE TU CROIS QUE LE CORPS DOIT SUIVRE SON APPÉTIT AU DÉTRIMENT DE L'ESPRIT ?

Vincent : Bien entendu ! Le corps a un enthousiasme, a un allant, a une sexualité. Et donc, à partir de là, il faut une communion du corps et de l'esprit. Dans la vie tout est une question d'équilibre.

LA FLATTERIE, L'HYPOCRISIE, ÇA NOUS PERMET DE BIEN VIVRE EN SOCIÉTÉ, AU-DELÀ DE LA SINCÉRITÉ. MAIS PARFOIS LA POLITESSE NOUS FAIT DIRE DES CHOSES QU'ON NE PENSE PAS VRAIMENT, PAS SINCÈREMENT. AVEC LES MÉDIAS, NOUS SOMMES DANS L'AIR DE LA TRANSPARENCE. EST-CE QUE LES ARRANGEMENTS AVEC LA VÉRITÉ SONT ENCORE TOLÉRABLES AUJOURD'HUI ALORS QUE TOUT SE SAIT ? JUSQU'OÙ PEUT-ON MENTIR ?

Vincent : Les hommes ne sont pas devenus meilleurs parce qu'ils veulent tout savoir et qu'il y a de la transparence. Ça, c'est encore une histoire de ceux qui nous volent notre transparence et qui travaillent pour qu'il y ait de la transparence, ceux qui enquêtent. Les inspecteurs, les journalistes… Les hommes ne sont pas devenus meilleurs parce qu'ils savent que Machin escroquait mille balles. Ça leur fait une pointe d'excès de relever ce genre de chose, ça leur fait une fierté parce qu'ils ont l'impression d'être meilleurs de l'avoir dénoncé. Mais tu les mets dans la même position que celui qui a fraudé mille euros, une fois sur dix, celui qui dénonce ferait la même chose. Donc ça ne rend pas meilleur. Mais c'est tant mieux, il vaut mieux qu'il n'y ait pas de grosse escroquerie et qu'on vole l'argent de l'État parce qu'on nous vole à nous. Ceux qui travaillent ce genre de trucs, ils ne sont pas blancs comme des colombes. Quand ils dénoncent les autres, ça ne les fait pas monter sur le piédestal de la moralité.

LIBERTÉ ET ÉGALITÉ, EST-CE QU'ON DOIT CHOISIR ?

Vincent : L'égalité fait partie de la liberté. Tous les gens qui se posent des questions d'égalité me surprennent. L'égalité c'est quelque chose de naturel. Ma sœur est mon égale, ma fille est mon égale, ma femme est mon égale. Je ne comprends même pas qu'on se pose ce genre de question. Je parle de notre pays, parce que chez d'autres, c'est moyenâgeux et ils sont conditionnés par une idéologie religieuse catastrophique, c'est l'Inquisition espagnole. C'est même pire parce que je pense que l'Inquisition faisait moins de morts.

LA PHILOSOPHIE, ÉTYMOLOGIQUEMENT C'EST « PHILO » : SAGESSE ET SAVOIR ; ET « SOPHIE » : J'AIME, JE DÉSIRE. ET PLATON A DIT : « DANS LA VIE, IL N'EXISTE PAS DE PLAISIR PLUS FORT QUE CE QU'OFFRE LA SEXUALITÉ. »

Vincent : Il aurait dû rajouter l'amour, la sexualité avec amour. Pas la sexualité basique qui offre du plaisir. Mais le grand bonheur, ce n'est pas le plaisir. Le plaisir c'est une chose, mais le grand bonheur du plaisir, c'est le niveau au-dessus du plaisir. Dans un sens, je suis d'accord avec lui, mais il aurait dû le compléter. Le plaisir, c'est la chose que l'on ressent le plus physiquement. Après, intellectuellement, tu as d'autres plaisirs, qui ne sont peut-être pas comparables en termes de force et de jouissance, mais qui sont très bons.

E comme ÉCONOMIE DIRIGÉE :
t'as deux vaches, le ministre te les prend, en abat une, embauche deux fonctionnaires pour traire la seconde, puis jette le lait.

F comme FEMME : ensemble de courbes qui font redresser la ligne des tirs.

G comme GRATTAGE : Un clochard demande à son copain : « Comment tu fais pour avoir les ongles aussi sales ? »

« Ben je me gratte... »

H comme HUMOUR : c'est ce qui me fait vivre !

MOSCATO
ET LES FEMMES

Krystel

**J'ai une femme formidable.
Elle a tout pris en main.
C'est ma régisseuse, manager, productrice, et on écrit ensemble.
C'est une blonde...
Attention, une fausse...
Elle conduit des avions...**

Ça lui a pris un jour, elle a décidé de passer la licence de pilote d'avion. Moi je n'étais pas contre. Je m'en sors bien dans l'histoire, car j'ai un pote dont la femme a décidé de faire du tricot... Le pauvre, il a passé tout l'hiver avec des pulls et des écharpes immondes... Pour son premier vol en solo, on décide de faire Arcachon-Clermont-Ferrand pour aller voir Joe Cocker en concert.

Pour l'occasion, j'invite un pote... Dans le pire des cas, si ça se passe mal et si le paradis est comme on dit, il va me falloir une cheville à l'apéro... et là j'ai pris le meilleur. Il est fort dans tous les domaines. Le vin, la bière, la vodka, le whisky, la tequila, le mezcal avec le ver dedans, et même qu'à la fin il bouffe le ver ! Il me dit qu'il a un peu peur, car c'est son baptême de l'air dans un petit coucou. Bien sûr, je ne lui dis pas que c'est aussi celui de ma femme. La tête qu'il a faite quand il a vu la blonde monter devant aux manettes et nous deux derrière ! Du coup, il a mis deux parachutes. Un ventral et un dorsal. Pour le rassurer, moi je n'ai mis que le dorsal. De toute façon, le ventral, avec le V8 que j'ai sous le capot, les lanières sont trop courtes.

Bon, on décolle. Tu me diras que c'est pas le plus compliqué. En tout cas, joie ou peur, je ne sais pas, mais on a applaudi. Il faut l'encourager, car tout dépend d'elle maintenant. À un moment donné, il y a tellement de turbulences que l'avion part dans tous les sens. Mon pote vire au bleu et me prend la main. Je jette un coup d'œil à la blonde… Imperturbable, elle est… Je la connais, même quand ça secoue fort, le manche, elle le lâche pas… Et là, elle nous dit : « J'espère qu'il n'y a pas de vent à Clermont, parce que pour l'atterrissage, ça va être compliqué. » Et marrante en plus ! Heureusement qu'on n'allait pas à Narbonne parce qu'avec la tramontane, c'est un hydravion qu'il nous aurait fallu…

Mon pote se prend pour un caméléon. Il est gris pâle maintenant, comme la carlingue de l'avion. Un trou d'air plus bas où je me fracasse la tête contre le plafond, mon pote – toujours sa main dans la mienne – a le regard dans le vide et dans ce cas précis le vide, il est tout autour. On a finalement atterri en crabe sur les deux roues, mais pas en même temps… C'est-à-dire d'abord sur la roue droite et après sur celle de gauche. Et – peur ou joie ? – on n'a pas applaudi. J'étais sonné, KO debout, que d'émotions ! C'est deux heures après que je me suis réveillé et que j'ai dit à mon pote : « Oh c'est bon, tu peux me lâcher la main… »

Avec le recul, on a bien fait de venir en avion à ce concert, à cause des embouteillages, car il y avait vingt mille Hells Angels qui s'étaient déplacés et comme il faisait beau, ils avaient tous pris la moto…

J'ai **quatre filles**, eh oui, le bon Dieu m'a puni… Si vous croyez que c'est facile d'être le seul à pisser debout à la maison ! C'est pas compliqué, quand il y a une goutte sur la lunette, je sors des toilettes les mains en l'air et je me constitue prisonnier !

LES FEMMES SONT TOUCHANTES LORSQU'ELLES PRIENT, CERTAINES SONT DES GRENOUILLES DE BÉNITIER, FAUT BIEN CHOISIR.

Quand j'ai décidé de faire de l'équitation, je suis allé directement m'inscrire au Crazy Horse, le type à l'entrée m'a dit : « Attention ! Ici, on ne monte pas les pouliches. » J'ai répondu : « J'ai croisé leurs regards, elles ne doivent pas refuser l'obstacle souvent ! » Comme j'ai un mauvais état d'esprit, je suis parti au centre hippique de Neuilly et ce centre hippique-là, il pique sacrément au niveau de l'oseille ! Je crois que je vais me mettre à la natation !

L'amour excuse tout, croit tout, espère tout, endure tout, l'amour ne disparaîtra jamais… T'as compris ma chérie ?

LE PIÈGE de la poignée de clous, du marteau et de la pince coupante, tu peux aussi le faire à une gonzesse avec le dentifrice à gauche, la brosse à dents et le rasoir, et tu vois… Si elle met le Colgate sur le rasoir, faut pas la garder, enfin pas trop tard !

À un certain moment de ma carrière, j'avais presque atteint le summum. En France, j'avais tout eu : 1. l'équipe de France ; 2. le Stade de France ; 3. l'électricité de France et même les vacances à Fort-de-France. Pour le grand chelem, de France, il me manquait un trophée… **Cécile ! Cécile de France !**

Le pouvoir, ça donne du charme. Les femmes adorent le pouvoir. Quand elles saluent un homme politique, elles frétillent ; quand elles croisent un chanteur, elles tortillent ; et pour les acteurs, elles bordillent. Et pour les grands chefs qui passent à la télé maintenant, elles cuisinent.

KRYSTEL, ELLE NE SOURIT PAS, ELLE FLEURIT, C'EST UNE PÉTALEUSE, ELLE PÉTALE ET MAGNIFIE TOUT AUTOUR D'ELLE. C'EST DE LA DROGUE DURE, DE CELLE AVEC LAQUELLE TU TE PIQUES TOUS LES JOURS, C'EST LE SHOOT DU BONHEUR.

Je lui dis à mon épouse : « Je vais au bois de Boulogne marcher avec Franck, mon copain qui connaît des coins à cèpes », et je mets des baskets pour ne pas risquer de rentrer avec de la colle à bois sous les ongles. J'ai remarqué que les buissons parlent, je précise que je suis prudent, je me mets en position latérale de sécurité et quand j'entends « bonjour gentil buisson », je planque mon joufflu.

Je me souviens d'un voisin à qui je faisais quelques courses qui me disait en débarquant chez moi tôt le matin :

– T'es pas encore levé ? Je te préviens qu'en te levant à 10 heures, tu ne les baiseras pas toutes !

MEETIC C'EST COMME LE LOTO, TU JOUES, TU TIRES, MAIS T'AS TRÈS PEU DE CHANCE DE TROUVER LE BON NUMÉRO.

UNE BLAGUE :

Le juge : Quel est votre âge ?
La vieille dame : J'ai 86 ans.
Le juge : À la date du 1er avril de l'année dernière, racontez-nous, avec vos propres mots, ce qui vous est arrivé ?
La vieille dame : J'étais assise sur la balancelle de mon balcon, c'était en fin d'après midi, il faisait bon et doux. Un jeune homme est venu s'asseoir à côté de moi.
Le juge : Vous le connaissiez ?
La vieille dame : Non, mais il était très amical.
Le juge : Que s'est-il passé ensuite ?
La vieille dame : Après une petite conversation délicieuse, il a commencé à me caresser la cuisse.
Le juge : Vous l'en avez empêché ?
La vieille dame : Non !!
Le juge : Pourquoi ?
La vieille dame : C'était agréable. Plus personne ne m'avait jamais fait ça depuis que mon Albert est mort il y a trente ans.
Le juge : Que s'est-il passé ensuite ?
La vieille dame : Je suppose que, comme je ne lui ai rien dit, il a continué et il a commencé à me caresser les seins.
Le juge : Vous l'en avez empêché alors ?
La vieille dame : Bien sûr que non !
Le juge : Pourquoi ?
La vieille dame : Parce que, Votre Honneur, il m'a fait me sentir vivante et excitée… Je ne m'étais pas sentie… aussi mouillée et pleine de désirs depuis des années.
Le juge : Que s'est-il passé ensuite ?
La vieille dame : Eh bien, Monsieur le Juge, que pouvait véritablement faire une femme chaude comme la braise, à la tombée de la nuit, devant un jeune homme avide d'amour ? Nous étions seuls… J'ai écarté les jambes en douceur et je lui ai dit : « Prends-moi maintenant ! »
Le juge : Et il vous a prise ?
La vieille dame : Non. Il a crié « Poisson d'avril !!!! » et c'est à ce moment-là que je lui ai tiré dessus ! Ah, quel enculé !

La voix, c'est tellement important, pas seulement pour les chanteurs, mais pour les femmes aussi. Une voix de crécelle chez une femme, ça peut me foutre la torche qui éclaire le plancher pendant des heures !

Dans le guide du savoir-vivre des années 2000, il est écrit qu'on peut se présenter à un rendez-vous galant les mains vides, l'important étant d'avoir les couilles pleines !

LE PIRE DÉFAUT POUR UNE FEMME : AVOIR UNE HALEINE À DÉCOUPER DE LA TÔLE ! POUR UN MEC AUSSI !

Vincent à Pierre D. après les vacances d'été :

« T'as pas filé un tir cet été ! T'es gras comme un cochon ! Crois-moi, si t'étais célibataire, tu serais aiguisé comme un lévrier afghan, t'aurais baisé tout l'été ! T'es gros parce que t'es parti en vacances avec ta femme ! »

→ PIERRE QUI ROULE N'AMASSE PAS MOULE !

MA VOISINE, ELLE S'EST TELLEMENT FAIT TIRER LA PEAU QUE QUAND ELLE A SES RÈGLES, ELLE SAIGNE DU NEZ.

À quoi reconnaît-on les filles de Gaillac ? À leur coupe de cheveux, elles aiment le rouge. C'est beau le rouge, mais pas dans les cheveux !

LA CELLULITE, CE SONT CES FESSES QUE TU CLAQUES LE LUNDI ET QUI LE VENDREDI EN TREMBLENT ENCORE.

Les gonzesses qui ont les fesses un peu lourdes, du coup elles ont les ailes qui touchent la piste, c'est plus long au décollage.

J'habite à côté du bois de Boulogne. Quand je rentre du boulot, j'enfile un jogging, des baskets, je prends un petit billet de cinquante, on ne sait jamais si j'ai soif ! Y'a bien des pompes, mais je ne crois pas qu'elles soient là pour étancher la soif.

Une fin de « Moscato show » pas comme les autres, ils étaient tous là…

Le mariage a démarré sans trêve ni repos, Krystel nouait la cravate bordeaux du latin lover pendant qu'il dégoisait encore à l'antenne de RMC installée à Técou. Samedi, 12 heures, fin de l'émission. Les fiancés de l'an 9 filent à l'église pour la bénédiction, monsieur l'abbé est un aficionado du « Moscato Show » : ce n'est pas un péché. Tout schuss ensuite vers la mairie : pas de décalage horaire, c'est juste en face. Jean-François Baulès est un copain de jeunesse du marié. À sa voix qui chevrote, pas de doute, il est habité par l'heure et la fonction.

Un camion de livraison de bois pétaradant interrompt l'allégorie nuptiale et enfume la noce. L'épisode suivant se passe au café des sports, QG de jeunesse du marié. Vincent, en loden gris et moire de velours anthracite, et Krystel, façon Gilda en fourreau grenat, étole blanche, accueillent les invités déjà très en cannes. Il y a là le contingent des amis de l'ovalie, de quoi composer une équipe de grand style, genre Barbarians aux semelles de vent, avec Seb Viars, Roumat, Denis Charvet, Rousset, Philippe Raymond, mais aussi les copains de jeunesse, Michel Fernandez, champion Crabos avec Vincent en 1983 et 1984, Yazid Soukhri et Julien… Et tous ceux, nombreux, pour qui Vincent Moscato a toujours gardé une part de tendresse, les Bambuck, Claude Régis, Jeannot Domenech… Avec eux, Franck Tiozzo, des copains du cinéma comme Gérard Lanvin, sa femme, Olivier Marchal, Philippe Guillard… La nuit sera longue et humide. Le dernier carré de la garde impériale s'est rendu à 7 heures du matin. La mine gaie et les joues blêmes.

Écrit par mon ami Dédé Lhopitault
dans *La Dépêche du midi*.

« *Mon Dieu ! Fais un* **MIRACLE**, *Notre amour mérite* **L'ÉTERNITÉ...** »

Comme une droite au menton, celle qui pique et qui fait frissonner, qui te met les rotules dans la boîte à gants. L'éclair qui explose les neurones, le fracas qui brouille la voix, les regards qui s'illuminent, je l'ai regardée et elle m'a vu…

C'était un soir ou plutôt un matin de bonne heure, de bonheur surtout, chez un pote à moi, Nounours. On était au bar, dans le coin – les gros comme nous se mettent toujours dans un coin. Il était assis sur un tabouret haut, ça permet d'avoir un angle, deux murs d'appui pour déposer un dos très large de Charolais. Ça lui permet aussi de se gratter comme un grizzli.

Elle était au bar avec ses amis. Les gens appellent ça « le coup de foudre », moi sur le moment, j'ai appelé ça *« le coup de chance »*. Blonde, grande, belle, un sourire magnifique. Tu sais qu'il ne va pas falloir se louper. Le créneau était mince, entourée qu'elle était par quelques concurrents charmeurs. Par un tour de passe-passe et avec une agilité de chat, c'est-à-dire deux coups d'épaule et un raffut de la main, je me suis rapproché d'elle. D'entrée c'est passé, on a bu un verre ensemble, j'étais déjà fou amoureux.

Voilà… parfois les belles histoires démarrent simplement. On a parlé comme font ceux qui ont envie de tout se dire et de donner le meilleur d'eux-mêmes. Je peux le dire maintenant, j'avais l'impression de l'avoir toujours connue, que c'était écrit, qu'elle m'attendait depuis longtemps et que j'étais fait pour elle.

Nous nous sommes rencontrés au bon moment, pas sûrs que lorsque je jouais au rugby, deux ans auparavant, elle m'aurait aimé. Tout est une affaire de timing. L'amour est une montre de précision, avant l'heure c'est pas l'heure, pile à l'heure c'est du beurre ! On en rêve tous, tous les jours. On est fait pour vivre ensemble, on est des loups, on vit en bande, on s'aime, on se dévore, souvent les deux par intermittence.

Krystel c'est ma FEMME

Krystel, c'est MA FEMME, je me lève je l'aime, je me couche je l'aime, entre les deux et avec le temps, je l'aime encore plus fort. Les scientifiques disent que certains humains dégagent un fluide qui s'accorde. C'est probable. Elle, elle m'a envoyé son pollen comme une fleur, une rose. Ma femme est une rose.

Il n'y a pas d'endroit ni de lieu précis, mais quand c'est le jour de l'amour, tu es frappé, Cupidon t'envoie ses flèches. Ce jour-là, ce n'était pas des flèches, c'était des lances et elles m'ont transpercé le cœur. Que c'est bon d'aimer et d'être aimé ! Je suis niais quand je parle d'elle, j'en conviens, mais ce n'est pas simple d'expliquer le comportement amoureux. L'amour est impalpable, ce n'est pas une émotion comme une autre, c'est la plus forte et c'est la seule. C'est une émotion unique.

Qu'il pleuve ou qu'il fasse beau, même en scooter sur le périph derrière un camion polonais qui t'envoie des gaz d'échappement à faire clamser un nouveau-né, tu es bien. Pour toi, c'est les Alpes, tu respires, c'est le mont Blanc, tu es le Frison-Roche du périph. De la Porte de Clignancourt à la Porte d'Orléans, c'est comme si tu traversais le G20 en Corse.

« Quand tu es avec une rose, tout est fleuri autour de toi »

Quand tu es avec une rose, tout est fleuri autour de toi. Krystel, c'est comme ça, elle ne sourit pas, elle fleurit, elle embaume, elle enivre de son parfum et peu importe la saison, elle m'embaume de son odeur, elle m'envoie sa sève à travers un baiser, je suis bourré d'amour, je la bois, je la dévore, je l'aime. Ça va faire quinze ans que je l'aime, quinze ans ! Que cela passe vite, ça me fait peur… On en parle souvent, on a cinquante ans, on sait bien qu'il en reste encore pas mal à vivre, enfin j'espère !

Je me rends compte que j'ai franchi un palier de décompression et qu'autour de moi ça commence à glisser. C'est la décennie où on est plus souvent invités aux enterrements qu'aux mariages. J'ai envie de vieillir avec elle, de l'aimer jusqu'à mon dernier souffle, je dis bien « mon dernier », car la logique veut que les mecs partent en premier et c'est tant mieux ! Ce serait insupportable de lui survivre. Même si je me doute que le faucheur a commencé à aiguiser sa faux, je l'emmerde, il lui faudra attendre parce que nous, ma fleur et moi, on va se défendre et se mettre à l'abri de sa lame. On est addicts l'un à l'autre, c'est de la drogue dure, de celle avec laquelle tu te piques tous les jours, c'est le shoot du bonheur.

Merci la vie, vraiment, merci de nous donner ça ! On aime notre vie à deux. Même si parfois on s'engueule, on s'écorche avec une belle intensité, c'est l'équilibre, nous sommes deux attaquants, deux sanguins, nous avons besoin de nous entre-tuer pour mieux vivre.

Quand on aime comme on s'aime, ma rose et moi, on voudrait s'aimer encore plus longtemps, avoir encore plus de temps. Ce n'est pas la mer à boire, on ne demande pas l'éternité, juste « une vie de plus ». Cinquante ou soixante ans de mieux pour s'aimer encore, encore plus fort.

Je ne vais rien demander au Bon Dieu parce que je ne le vois jamais, mais si un jour je devais le croiser, crois-moi, je lui en toucherais deux mots, et s'il n'est pas d'accord, j'insiste et je le fais chier. Et s'il me demande pourquoi, je lui dirai : « Parce que l'on s'aime et que ce serait bien qu'un jour, au lieu de te planquer, tu fasses un vrai miracle. » S'il souhaite rester discret, moi j'en parlerai à tout le monde et j'irai même voir le pape pour écrire un *nota bene* à la Bible ! Un rajout simple et tout petit qui expliquerait qu'il nous a donné « une vie de plus » à ma femme et à moi, parce que l'on s'aime plus que tout le monde. Voilà, c'est tout.

Krystel,
c'est ma rose éternelle.

MOSCATO
EN CULOTTE COURTE

JEUX D'ENFANTS

Je pousse la branche d'un bouleau. J'aime pas cet arbre avec ses taches blanches. On dirait qu'il a la pelade ou la sclérose en plâtre, en plaques. Ça fait peur la pelade, j'avais un camarade plus âgé que moi qui avait des plaques de cheveux qui se détachaient, cette laideur m'effrayait. Les gosses le surnommaient « le chauve ». De la méchanceté à la rigolade, un jeu d'enfant.

J'ai 7 ans, je m'assois sur le moignon d'un arbre scié à la base et je cherche dans la poche de mon treillis, trois fois trop grand. Je fouille et j'en sors un paquet de tiges, je les remonte, c'est des Goldo sans filtre que j'ai torpillées au vieux. La gauloise sans filtre, ça c'est de la clope putain, ça ramone ! T'as les neurones qui jouissent dès les premières bouffées.

NANOU

Ma grand-mère a commencé mon éducation. Bibliothécaire, elle a cimenté le goût de la lecture qui m'a sauvé bien des fois dans des périodes de ma vie intoxiquées par la bêtise.

Ma petite école de campagne est juste en face de chez moi, à la différence des maisons de cheminots sur les passages à niveaux qui se ressemblent toutes. Une bâtisse qui s'élève sur deux étages que surplombe un toit de tuiles avec une cour de récréation minuscule. L'institutrice et sa famille résident au premier, notre classe est séparée de leur cuisine par une porte, on étudie presque dans leur salon. Les chambres sont à l'étage. La classe se compose d'une dizaine de pupitres avec sur la gauche le poêle à bois qui chauffe dur l'hiver. Au fond de la courette, à gauche, le préau avec une corde lisse pendue à une poutre en bois pour y grimper pendant les cours de gym. Et juste à côté, le jardin de Madame Mirambin, c'est là qu'a démarré ma maigre scolarité.

Que c'est bon ces moments, quand t'es gosse et que le temps s'écoule lentement. Je m'ennuie, j'aimerais être adulte plus vite, j'aimerais pouvoir partir quand je veux, où je veux. Suffit que je voie un avion en l'air, avec sa fumée blanche, pour que ça me file l'envie d'appuyer sur le démarreur.

Je lui ai dit bien plus tard à ma mère, je chialais : « Quand j'étais petit, tu m'as mis chez les curés et moi, le curé, il m'a jamais touché ! Est-ce que c'est normal ? J'étais pas assez bien pour lui ? » Ç'a été un vrai cauchemar, c'est à cause de ce salaud que je suis devenu hétéro et que maintenant je suis dans le show-biz, ça m'arrange pas !

À L'ÉCOLE

Dans la salle de classe se mélangeaient tous les niveaux du CP au CM2, les petits devant, les grands derrière et la maîtresse s'occupait de toute cette marmaille avec autorité. Je me demande encore maintenant comment elle faisait puisque la dictée des CM2 ne convenait sûrement pas aux élèves de CE1 et l'explication de mathématiques des CM2 devait être vachement difficile pour les CE2. Mais elle y arrivait, la bougresse, avec du talent.

Le Bison

Le surveillant du réfectoire arrive et s'installe en bout de table, il a dû se rêver une carrière de chef de rang à La Tour d'Argent. Il sert, il aide, c'est son péché mignon, il envoie de la louche, la tronche au-dessus du faitout de cette espèce de marmite qu'il porte à deux mains et qu'il pose au bout de la table en gueulant « gamelle ! ». Il est à cheval sur la discipline celui qu'on appelle le « Bison », mais pas sur le savon. On l'observe avec un rictus de dégoût, il bave, il est à la limite du glaviot mais c'est pas grave, il sera vite absorbé ou enfoui dans les litrons de vermicelles. Ce qui est dur à passer, c'est le mégot de Bergerac qui tombe dans la marmite, ça c'est rude, quand ça t'arrive dans l'assiette et que tu décides de refuser de manger de la soupe, il ne le supporte pas… Pourtant, le coup du mégot dans la soupe est régulier avec le papier Rizla qui se décolle sans prévenir et tout le tabac tombe dans le potage, le papier reste collé au coin de la bouche et il ne s'aperçoit pas qu'il fume de l'air…

Une bonne grand-mère a toujours des pansements, du coton et des bandes pour les genoux ! Et surtout des bisous, et des morceaux de chocolat. Ça soigne même les éclats d'obus les bisous !

Ma naissance fut chaotique, non pas que les sages-femmes étaient en grève, mais je n'étais pas attendu ! J'arrivais au mauvais moment comme un découvert après une grosse dépense !

EN NORMANDIE

À Neufchâtel, on vivait dans un immeuble de la ville, je ne sais pas si on appelait ça une HLM mais bon, ça n'avait rien à voir avec ce que l'on voit maintenant. C'était un bloc en pierre, la classe. Trois chambres, une cuisine, un salon, une salle de bains, l'archi n'était sûrement pas Stark, mais c'était le bonheur.

Lapidicide

Mon beau-père avait le syndrome du lapin russe, les yeux rouges et le poil blanc. Le drapeau russe, voilà le point commun à tous les lapins. Y a pas cinquante façons de tuer un lapin : le coup de marteau derrière les oreilles. C'est un métier. L'autre opération après le coup de marteau, c'est de lui arracher l'œil à l'opinel. Quand t'es gosse, la première fois, il faut le savoir quand même, ça saigne, et puis surtout il se réveille ! T'es obligé de faire venir Jackie Chan pour un autre coup de karaté dans la nuque. Ensuite, opération dépeçage. Tu coupes la peau au niveau des deux pattes du haut, entre les cuisses, tu tires comme si t'enlevais ton pull-over, le lapin se retrouve à poil.

Au début j'étais pas fier, non pas que la cruauté m'effraie. À la campagne tu ne t'attendris pas sur le cri du cochon avec un couteau dans la gorge le soir au fond des bois. Je me disais seulement que si on tuait trop de bestioles, un jour elles se vengeraient. Un lapin plus malin que les autres, qui sent que tu représentes un danger pour la survie de la race, te mord et tu chopes la myxomatose. T'as les yeux qui enflent, t'as le nez qui grossit, t'as la bouche qui gonfle comme avec le botox, ça te bouche les narines et tu peux plus respirer. Le lapin rit et voilà, il t'arrache un œil, avec ses deux grosses dents de devant. J'ai fait ce cauchemar souvent, je me réveillais assis en boule, tête contre le mur, en nage, hurlant. Le cauchemar, quand t'es gosse, ça secoue, mais on ne meurt pas de mauvais rêves.

J'en ai liquidé des lapins. Du Russe, du Garenne, du Poitou. Si les lapins ont un calendrier, à la saint Vincent y a une tête de mort. Je me suis repenti sans pour autant m'excuser, j'en mange plus.

Les anciens ont toujours l'air heureux quand on mange de la soupe, ça doit leur rappeler leurs aïeux et les aïeux de leurs aïeux, alors que quand on est gosse, la soupe, j'en ai jamais vu un qui se régalait, la soupe aux vermicelles c'est de la vraie chiasse dans l'assiette creuse.

Dans mes poumons, je n'ai pas d'air. Je connais des types qui en brassent, d'autres qui le compriment, j'ai même un pote compositeur qui en écrit. Moi qui manque d'air, je lui ai demandé de m'en vendre, alors il m'a dit : « Non tu comprends, c'est compliqué, y'a des droits. En plus, je fais que des airs de trompette. » Je lui ai demandé s'il se moquait de moi, s'il me prenait pour une pompe à vélo ? Il m'a répondu : « Si je te donne un air, dans mon prochain concert on va avoir un trou ! » Un trou d'air pendant un concert ? Je me demande s'il ne plane pas un peu. Il me dit : « Par contre, si tu veux le boucher, il nous manque un tuba. » Je lui ai cassé la gueule, à lui et son orchestre de trompettes !

La tête entre les mains, façon Rodin, je repense au corbillard du vieux qui nous emmenait en vacances. Le beau-père était fossoyeur, le ciel aussi gris qu'une pierre tombale, et l'ennui qui, si petit, me remplissait…

Ma mère, qui avait de gros poumons, me répétait « Tu manques pas d'air ! » alors que je ne pouvais plus respirer quelquefois. Je manquais de coffre, j'ai passé des examens et j'ai décidé de faire mon service militaire dans l'armée de l'air, je pensais y trouver un second souffle. Ils m'ont mis dans une unité spéciale nommée « la chambre à air », rien n'y a fait ! Le sergent, qui avait le boyau à la rigolade m'a dit : « Vous êtes crevé, quand je vous vois marcher, vous avez l'air à plat ! » Pas d'air, les pieds plats, deux semaines plus tard, alors que j'étais chez moi en train de vider deux bouteilles d'eau gazeuse, j'ai reçu un pneumatique : « Réformé ! L'armée n'est pas une bouée. »

Déterminé à ne déranger personne, j'ai quitté le domicile familial dès l'âge de quinze et j'ai trouvé dans les cafés des pères adoptifs à ma convenance. Depuis l'enfance, j'avais emmagasiné des murailles de rancœurs infranchissables que l'affection de ces étrangers m'aidait à râper. L'ennui chez un gamin est une machine à traîner, une béquille à l'errance, le sport, ça aide et ma première licence de rugby a coûté cinq francs.

comme INACCESSIBLE : c'est quelque chose de merveilleux.

J comme JEUNESSE : la jeunesse mélangée à la vieillesse, c'est le résultat de la chirurgie esthétique.

K comme KIKADI : quand l'homme a découvert que la vache donnait du lait, que cherchait-il à faire exactement à ce moment-là ?

L comme ANNONCE DU MARIAGE DE MA FILLE LÉA : Léa, Riko Sonkui...

MOSCATO FAIT LE BEAU

L'AMBASSADEUR

Monsieur l'ambassadeur par-ci, Monsieur l'ambassadeur par-là...Ce n'était pas si simple avant, mais il faut en convenir, maintenant c'est bien pire ! Et pire que pire, je vous assure que ça existe. C'est mon cas... Je m'en suis tapé du « con à Toulon », du « benêt à Béziers », supporté du « faisan à Perpignan », sans oublier qu'en rentrant, fallait se les cogner les « pompes à vélo de Bordeaux ». Mais se retrouver « ambassadeur du friton à Montgriffon », c'est très lourd à digérer !

Être l'ambassadeur de son village natal, le représentant d'une industrie artisanale qui fait vivre la moitié d'une population, ça ne se refuse pas... Tous ces honneurs me passaient pardessus la tête, mais trop tard, j'étais devenu « leur chose ». Pourtant ce n'était pas faute d'expliquer à mon père que je rêvais d'une autre embellie en fin de carrière. La réponse de mon vieux fut nette : « Montgriffon t'a formé, le maire du village ne comprendrait pas un refus de ta part, tu es notre symbole de réussite, notre fierté, regarde Zizou en Algérie ! » Le silence écrasa l'ambiance, ma mère écrasa une larme et mon père au lieu de l'écraser ajouta : « Les Montgriffonois attendent ce jour depuis des années, nous ne les décevrons pas ! Pense à Zizou... » Gonflé, le pater !

« AMBASSADEUR DU FRITON À MONTGRIFFON »

Je m'en fous de Zizou, et encore plus du friton, d'ailleurs le père de Zizou ne lui mettra jamais la pression sur les produits dérivés du cochon… C'est déjà ça ! Remarque, ce qui l'attend est peut-être bien pire ! On avait vu le retour du pape en Pologne, Mohammed Ali boxant à Kinshasa sur la terre de ces ancêtres, après les nouvelles aventures de *Tintin et le lac aux requins*, les aventures de Zizou, ambassadeur du monde.

Zizou, c'est Zizou. Mais qui se soucie de moi en ce moment ? Ils m'attendent tous sur le parvis de la mairie pour mon intronisation au cercle très fermé du « Friton's rotary club ». Qu'est-ce que je vais leur dire ? Un ambassadeur doit formuler une opinion, proposer des solutions, enfin débattre de quelques idées, quel pétrin ! À toujours vouloir faire plaisir à tout le monde, ça s'est retourné contre moi. En analysant ma carrière, je n'ai jamais vraiment été expansif, ni pour, ni contre, mais souvent comme les autres. On m'a qualifié de sympa, le gendre idéal, contre la guerre, la famine et le cancer dans le monde, de temps en temps j'ajoute le sida, ça fait plus sérieux. Même si tu n'apportes rien au débat, il suffit juste d'en parler. Mais est ce que ça suffit pour être ambassadeur du friton, et qu'est-ce que je vais bien pouvoir leur dire ?

Mon vieux me regarda et d'une demi-moue synchronisée avec l'index qui se grattait l'oreille, il me dit : « Regarde Zizou, il ne se trompe jamais, il ne dit rien mais toujours avec le sourire… Et si tu parlais de rugby ? » La soirée se passa à merveille, le maire, après une question sur l'industrie du friton, me donna la parole, je répliquais à côté ! Je proposais une formule de championnat étalé sur trois ans, pour alléger le calendrier et éviter les « triplons » : coupe d'Europe, championnat, tournoi ! L'assemblée applaudit à tout rompre et le maire salua mon sens créatif. L'émotion était à son comble quand le maire m'offrit la plus haute distinction de la ville, **« le friton d'or »**… Ma mère s'évanouit.
Depuis, je me sens quelqu'un d'autre et ça ne s'arrête pas là ! Monsieur le Maire me propose d'être l'emblème du rapprochement des salaisons de Montgriffon et celles de Lacaune. Je sens qu'il apprécie mes idées et mon sens de la communication et surtout comme il me le répète souvent : « Vos silences sont d'or », je progresse tous les jours dans mon rôle d'ambassadeur.

Mais, au fait, qu'est-ce que je vais bien pouvoir leur dire ?

“ Pour la chirurgie esthétique masculine, je vous recommande le docteur « BIBI » de Ouarzazate. Il a trouvé un créneau qui rapporte, il te met des implants capillaires en poil d'éléphant, c'est dru, c'est solide. Les greffés se sentent pousser la virilité ! La vie, c'est qu'on vieillit tous, certains ont des gougoutes, d'autres des nichons… Fais des pompes ! ”

L'été, fais la mouette et reviens bronzé !

Dans le rugby, il n'y a plus de place pour le pilier des années quatre-vingt, gras du bide et refoulant du goulot. Maintenant, il faut pouvoir enfiler ton maillot comme tu enfiles une paire de bas. Fini les faux plis, les poignées d'amour. Les femmes veulent du rasé du buisson, du torse de nouveau-né. Le calendrier est là, Mesdames, pour assouvir tous vos fantasmes de janvier à décembre. C'est pleine lune.

OUI, MADAME, J'AI ÉTÉ BOXEUR ET RUGBYMAN ET J'AI DES PLIS SUR LE VENTRE ET JE M'EN FOUS, CAR VOTRE MARI, QUI N'A PAS FAIT DE SPORT, EST PLUS FRIPÉ QU'UN VIEUX CHIFFON ! DU BONHEUR.

« **ÉCRIRE** », c'est se mettre à nu, c'est un examen de conscience, je fais le vide, je me file un coup de polish à l'âme, je me remets d'aplomb, je refais le parallélisme. Je ne suis pas Houellebecq, ça se saurait, mais si pour écrire il faut être de ce niveau, il y a un paquet de merde qui va nous être évité tous les jours !

“ **Pour garder le torse bien droit, garde la tête haute et de temps en temps rappelle-toi :**

- **À combien est le smic ?**
- **Le prix de la baguette et d’un pain au chocolat ?**

Le nombre de sous-marins, c’est beaucoup moins important ! ”

“J'AI DU MAL À MARCHER PIEDS NUS, ÇA ME GÊNE, JE SUIS COMME UN CON. POURTANT, JE M'ENTRAÎNE, MAIS J'AI LES PIEDS PLATS. JE SOUFFRE ET PUIS, S'IL Y A UN CHEWING-GUM FONDU, J'AI PAS DE CHANCE, IL EST POUR MOI, ÇA COLLE AU TALON, C'EST SALE ! ALORS QUE YANNICK, DÉCONTRACTÉ, PAISIBLE, IL PEUT MARCHER PIEDS NUS SUR DES GALETS À ÉTRETAT, SUR DU BÉTON AU PORTUGAL, SUR DE LA TERRE BATTUE EN AFRIQUE ET MÊME À ROLAND-GARROS ! J'AI JAMAIS ÉTÉ À LA MODE, PAS PARCE QUE JE SUIS DE GAILLAC, MAIS PARCE QUE JE NE SUIS PAS CHANCEUX.”

MOSCATO
FAIT DE LA POLITIQUE

FRAGILE

« ALLÔ TONTON,

Visage fermé, tendu par des cernes, les perdants ont toujours le même rictus qui accompagne un mauvais goût acide dans la bouche, celui de l'effort qui ne paie plus ! Trop tard, les jeux sont faits, la caisse vient d'être fermée, les chiffres sont là, mauvais, et la patronne indique la sortie !

Depuis déjà plusieurs semaines, le téléphone sonnait, depuis plusieurs jours la banque mettait en garde contre l'éventualité d'un découvert national qu'elle ne pourrait assurer. L'a-t-on écoutée ? Comme d'habitude, on l'a écoutée d'une oreille, comme on écoute un vieux poste de radio au fond d'une pièce à l'heure de la sieste, en demi-teinte. La Gaule s'effrite, se brise, se rompt ! Tout fout le camp, ma brave dame, et comme un coup de pudding dans le dos, les Anglais ont tiré leur révérence en premier. L'Europe implose, se barre en sucette, faute d'un projet commun, d'une mêlée solide sur ces appuis de base qui font rêver de fondamentaux jouissifs, de lendemains qui chantent et le gris de l'orage a noirci le ciel depuis bien longtemps. Les fautes de mains se sont enchaînées, on s'en remet au fameux « J'accuse ». J'accuse surtout les autres d'être responsables de mes propres incompétences. L'Occident est devenu l'Extrême-Orient… C'est-à-dire l'extrême orientation : les bottes de cuir et les cols Mao.

Toutes les chutes sont les mêmes, en sport, je me souviens d'une chute haute du 8 Brennus d'Agen, plus de soixante ans en première division, qui s'est écrasé comme une tarte aux pruneaux échappée du gourmand Galasso.

POURQUOI TU TOUSSES ? »

L'appel tardif du « vieux maçon » – il n'avait pas de métier, il sortait de l'ENA, façonneur de République – ne put endiguer l'effondrement d'une structure politique vermoulue, humidifiée, de week-end en week-end, par des vagues d'adversaires, de plus en plus confiantes, les vagues comme un mascaret, ce rouleau de rivière mal apprivoisé par des dirigeants ô combien maladroits pour le surfer.

Au même moment, un peu plus bas, du côté de la Sarthe, Fillon fartait sa planche en prévision d'une finale obtenue au forceps après une saison chaotique, où parfois la couronne du champion semble bien lourde et risque de lui abîmer le cuir chevelu.

Dans une autre région, à quelques pas de là, une équipe de cancres dansait de joie, la repêchée Marine, dans un dernier déplacement façon banc de barracudas, tente de s'imposer chez les retraités et pleure de bonheur d'avoir enfin bâillonné le vieux pacha, surnommé « Panpan » par ses aficionados pour faire allusion au caractère autoritaire dudit châtelain de Montretout.

Des larmes comme s'il en pleuvait, il y en aura, comme suite à tous ces orages, sans espérer une seconde qu'après la pluie vienne le beau temps.

Entre deux tours

C'est pas pour dire, on a connu de meilleures élections ! Enfin, on pourrait ne plus en parler, mais on est presque un peu obligés... Ça sent la fin des soldes, ils n'ont plus grand-chose à nous vendre, à part le courage...

Râpés, faits, cuits, deux arrêts buffet plus loin, les Français doivent se cogner du lourd, du très lourd ! Des équipes aux allures de France éreintées, sans valeur, ils jouent tous et tentent de reprendre leurs meilleurs poulains pour les rallier à sa bannière. Une tournée courageuse effectuée sur 672 369 km^2 avec Paris pour port d'attache et une devise commune : Liberté, Égalité, Fraternité, et une sainte à fêter tous ensemble le 14 juillet. C'est au Champ-de-Mars qu'est née la fête de la Fédération, premier anniversaire de cette fameuse prise qui fait tousser...

Ils sont tous là, nos représentants, dans leur diversité, costumés et rasés de près, ils rallient leurs frérots, mais avec les années, l'union et l'entraînement ont fait place à la méfiance. Nos directeurs de partis vocifèrent, médisent pour gagner la compét, renouvellements incessants, débats et déballages, manient désespérément l'attaque et la cruauté, mais sans aucun résultat.

La grande fête du 14 juillet risque d'être diluée comme un alka-seltzer ! Si ce n'est pas une honte ! Tous nos départements avaient institué des fêtes civiques pour servir l'Union Nationale, tous fraternisaient entre deux bals et quelques peignées sympathiques. On jurait sur l'autel de la patrie d'être fidèle à la Nation, d'être viscéralement attaché aux principes de Liberté, de protéger les propriétés nationales, mais aussi particulières. Nos dirigeants prêtaient serment d'assurer la perception des impôts, de maintenir la force publique et l'harmonie, de montrer l'exemple.

C'est parti pour deux tours de Grande Roue à la Concorde, avec montée d'adrénaline garantie et nausée à l'arrivée pour une onzième élection présidentielle. Ce dont on est certain, c'est que le Champomy a remplacé le champagne :

FRATERNITÉ,

ÉGALITÉ,

ÉCONOMIE.

Je les ai tout de suite repérés avec leurs sourires goguenards, surtout lui, le père de Leonarda, l'œil du veau dans la luzerne, surmonté touffument par deux buissons, accompagnés par deux ronces dans le pif plein de mûres, de quoi faire de la confiture pour trois personnes. Je sais ce que vous pensez des fortunés, mais faut arrêter avec vos clichés, la solidarité c'est la mixité sociale.

Les Qataris rachètent tout en France : les droits du foot, le magasin du Printemps, les hôtels. Vous verrez qu'un jour ils achèteront le tour de France ! On va bien se marrer quand ils monteront le Tourmalet avec des roues voilées !

Ne soyez jamais intimidés, moi aussi j'ai été pauvre, loqueteux, sentant la sueur, dégueulasse comme vous, moi aussi je voulais partager l'oseille de ceux qui en avaient, mais maintenant que j'en gagne, mon cul ! Mais je suis resté simple, un type qui a grandi à Gaillac, un type du Sud-Ouest, un rural ! L'esprit de la terre chevillé au corps, élevé au grain, au cassoulet ! Ah, le cassoulet c'est toute mon enfance, c'est un peu ma madeleine de prout !

POUR LES PROVINCIAUX, NEUILLY-SUR-SEINE EST UNE JOLIE BOURGADE À MAIN DROITE DE PARIS QUAND TU DESCENDS, ET QUAND JE DIS À MAIN DROITE C'EST VRAIMENT À DROITE, DROITE !

Sous le règne de François Hollande, y'en a un paquet qui sont partis rejoindre la France libre à Genève.

“LES PAUVRES EXPLOITENT
LES PAUVRES
ET DEVIENNENT RICHES.”

“C'EST AVEC BEAUCOUP
DE PAUVRES QU'ON FABRIQUE
UN SPORT DE RICHES : LE FOOT.”

“MACRON ET SON BOY'S BAND,
TOUS LA MÊME ALLURE,
LES MÊMES FRINGUES :
UNE SECTE.”

Souvenirs du mois de mai

Plus le temps passe, moins les événements marquant notre histoire nous interpellent ; la mémoire collective s'efforce d'estomper le douloureux, l'abject, l'horrible. Pourtant, en cette période électorale, l'effort des candidats s'est focalisé sur un retour au patriotisme trop souvent bradé, mis de côté, moqué. Honteux parfois de chanter la Marseillaise, les joueurs de l'équipe de France ne font plus que la marmonner. Interdit le bleu-blanc-rouge sous peine de se faire taxer de « nationaliste », pensée qui – d'après un auditeur de RMC qui m'a violemment interpellé – précède le fascisme, alors que je flattais la volleyeuse géorgienne Vavra pour son discours sur les valeurs de jouir du sol français. Flagellez-vous, repentez-vous de toutes vos exactions commises sous le drapeau tricolore… Et merde !

Heureusement qu'en d'autres temps, beaucoup se sont battus pour des idées, gauche et droite confondues, pour la même cause : « No pasaran. » Gare au laxisme à la mode qui fait passer les lâches pour des tolérants, la vie politique ne supporte pas le vide, l'absence de rigueur fait toujours apparaître comme un cycle récurrent les porteurs d'idéologies extrêmes qui laissent croire aux lendemains qui chantent. Pauvres « marchands du temple » !

J'exagère, ce temps-là est désormais révolu, la seule idéologie présente est celle de l'économie, paraît-il qu'elle fait moins de morts ! Demande aux Chinois avides de matières premières qui laissent à leurs amis soudanais les mains libres au Darfour ! On voit le résultat…
Ce n'est pas un billet très drôle, mais à l'approche du 8 mai, une piquée de sève ravive ma fibre gauloise, moi, le fils de Ritals

calabrais ! Chaud, réactif, un papier pour répondre à un con d'auditeur qui me traite de fasciste alors que mon éducation, au cœur de la mêlée, m'a toujours fait ressentir le besoin de l'autre, le bonheur d'être ensemble et de se mélanger avec des mecs de tous horizons. Marre de ces amalgames de couillon faits à ceux qui bandent encore pour le maillot tricolore, tout ça pour parler justement d'un joueur de première ligne, un rugbyman tout simplement dénommé Maury qui jouait à Tulle et qui décida de sa propre mort en se jetant d'un pont.

C'était le 9 juin 1944, il faisait partie des cent otages désignés pour être pendus par la division Das Reich. Il fit le grand saut, mais n'en mourut pas et les Allemands l'achevèrent sous une rafale de mitraillette. Ces événements se sont déroulés sur trois jours lorsque les maquisards ont attaqué la garnison allemande de Tulle. Alertée, la division SS, qui montait vers la Normandie, fit un détour et mit en fuite les maquisards corréziens parmi lesquels se trouvait un Géorgien nommé Yachvili. Père de Michel, grand-père de Dimitri, crois-moi, cher lecteur, eux bandaient fort pour le drapeau tricolore et n'étaient sûrement pas fascistes.

L'Armée des Ombres

Le premier livre qui m'a marqué, c'est ma grand-mère qui me l'a fait lire, c'était *L'Armée des ombres* de Joseph Kessel. On ne peut pas lire ce genre de bouquin sans que quelque chose bouge en soi, on en est imprégné, il fait partie de soi, il entre dans la tête à jamais. Ce livre, c'est l'héroïsme poussé à son paroxysme, avec l'inévitable question qu'on se pose plus tard bien sûr, existentielle : dans quel camp je me serais retrouvé ?

L'Armée des ombres : le titre lui-même est évocateur de souffrance, il fait trembler. Une ombre n'a pas de visage, ni de nom, pas d'odeur, pas d'adresse, ni de faux nom ou de fausse information. Le courage est anonyme, personne ne saura jamais. L'individu ne sera pas flatté, son ego est au régime sec, il est seul et sa compagne c'est la mort au coin de la rue, l'arrestation par la Gestapo. Arrive l'interrogatoire, assis sur une chaise, les mains menottées dans le dos, le visage tuméfié par les coups, le supplice va être long et douloureux. Pour tenir pendant l'épreuve, il faut à coup sûr penser que tu sauves l'humanité, autrement c'est impossible. Si dans la tête c'est juste pour sauver ton voisin, ça ne fonctionne pas, tu le balances en dix minutes, lui, sa famille et son chien.

Qu'est-ce que j'aurais fait moi ? Probablement, comme la plupart des gens, je me serais arrangé pour éviter ce genre de situation, je n'aurais rien fait. Ni pour ni contre, j'aurais bouffé mes rutabagas et applaudi le maréchal. Ça ne fait pas prendre du gras, mais ça évite les ennuis. J'aurais été ni plus ni moins à la mode du moment, et puis trente ans après j'aurais raconté un truc pas trop gros non plus, mais qui aurait laissé supposer que si les Boches avaient perdu la guerre, je n'y étais pas pour rien.

« NE VOUS DEMANDEZ PAS CE QUE VOTRE PAYS PEUT FAIRE POUR VOUS, DEMANDEZ-VOUS CE QUE VOUS POUVEZ FAIRE POUR VOTRE PAYS. »

JFK

À l'attention de tous ceux qui naissent dans ce pays en pensant qu'ils n'ont que des droits... ça résume mon avis sur la question !

Faut bien reconnaître qu'on est issu d'une génération de beauf ! Tous ceux qui ont côtoyé les années soixante, avec le point culminant en 1968, date de leur révolution, on s'en est aperçu plus tard : ça n'a pas fabriqué des flèches ! D'ailleurs, au gouvernement, il a fallu sauter la génération Mitterrand, Chirac, Sarko, Jospin, le prototype du prof engagé, lui, il est resté à la maison, tout ça c'est bon à que dalle, ça baigne dans l'utopie marxiste. T'as qu'à voir, dans une famille, les types de soixante piges, on ne sait pas où les mettre !

“Fuir la France, c’est douloureux ou alors si tu pars aux États-Unis, faut que tu aies un gosse qui joue au basket ! ”

ON NOUS ESPIONNE, À RMC. JE FRÉQUENTE BRUNET, UN COPAIN DE DROITE. ÇA FAIT RIRE TOUT LE MONDE QUAND JE SUIS LÀ ET DÈS QUE JE TOURNE LE DOS, JE SENS QUE ÇA COMPLOTE, QUE ÇA CHUCHOTE. LES AMIS VONT-ILS M'ENVOYER À CANAL+ POUR ME REDRESSER ? ILS N'OSERONT PAS, CAR JE FAIS PARTIE DU BOUZINGA, JE SUIS DANS LE MILIEU DU FLAN MIREILLE.

J’ai envie de leur dire, à tous ces acteurs qui font des pétitions, avant de t’occuper des migrants, occupe-toi de ta voisine qui crève la dalle depuis dix ans et dont tu ne connais même pas le prénom… Bien entendu, dans la vie, il y a des injustices, mais ne fais pas comme si t’étais l’abbé Pierre, alors que même l’heure, si on te la demande, tu la donnes pas tellement t’es rat… Et là, parce qu’il y a la télé, tu joues à l’abbé Pierre ? Occupe-toi du clochard qui est sur le trottoir en bas de chez toi depuis que t’es là et à qui tu ne files jamais rien !

J'AI FAIT UN RÊVE, J'ÉTAIS AVEC DES MECS DE LA CGT, ON AVAIT CHOPÉ LE PATRON DE CHEZ AIR FRANCE, JE LUI AVAIS ARRACHÉ SA CHEMISE, JE L'AVAIS RETOURNÉ... JE ME SUIS RÉVEILLÉ, J'AI EU PEUR, J'AI VÉRIFIÉ... OUF ! JE N'AVAIS PAS DE COLLE SUR LE PINCEAU, C'ÉTAIT JUSTE UN RÊVE.

Au moment de ma reconversion, j'ai reçu la proposition d'un prince de Dubaï qui voulait me prendre comme eunuque. Mais qu'est-ce que j'aurais fait sans mes couilles ? Ministre ?

Le caritatif, c'est devenu un boulot à plein-temps, tu peux en vivre et même très bien, ça recrute dans tous les médias. Ce n'est pas très compliqué, on te demande d'avoir un bon niveau d'indignation. Pas de la légère genre « ce n'est pas bien » ou « ce n'est pas gentil ». Non, de l'indignation niveau bac+5 ! Quand un journaliste reçoit un type du Front national sur un plateau télé, il doit avoir les maxillaires tendus prêts à bouffer trois kilos d'entrecôtes crues, il lui faut montrer que les fascistes, il les emmerde. Déjà en loge, au maquillage et au coiffage, le personnel joue l'indignation : t'as l'indigné moyen-courrier, l'indigné à la sécurité poids lourds, l'indigné bigoudi à la Franck Provost... L'indignation, ça se travaille. Il doit y avoir des cours de renforcement et si tu te laisses un peu aller sur les grandes valeurs républicaines, tu te fais un stage de trois jours au Grand Journal de Canal+ et ça te remet les niveaux, t'es plus emmerdé !

Un jour, j'ai dit à Christian Seguin, un journaliste qui m'interviewait alors que j'avais tout juste 25 ans : « Je ne comprendrai jamais qu'on ne donne pas un franc à un homme assis par terre. » Quoi dire vingt-cinq ans plus tard, sinon que je comprends qu'on manque de francs à partager, qu'on en ait ras-le-bol que les mecs assis par terre soient de plus en plus nombreux. Que le combat collectif semble vain et que même si je suis incapable de supporter l'injustice, je ne sais plus qui l'on doit châtier, parce qu'on n'est pas sur un terrain de rugby, parce que je n'ai plus la force ni l'envie de franchir des montagnes et qu'il faut accepter la défaite, même si elle est très amère.

↓

Strauss-Khan, un amateur de rugby, raison pour laquelle, à New York, il a voulu mettre une cartouche au petit Bastareaud, enfin si ce n'est pas lui, elle lui ressemble, physiquement ce sont les mêmes !

C'EST LA VIE QUI GOUVERNE, CE SONT LES MECS QUI CRÉENT DES EMPLOIS, LES ENTREPRISES, CEUX QUI SE LÈVENT LE MATIN, LES FONCTIONNAIRES QUI BOSSENT AUSSI.

Le pouvoir, ça donne le boulard, le pouvoir, c'est César. Ça te file une notoriété, président, t'es le numéro 1, t'as pas le même rapport avec les femmes. On ne l'a pas vu venir avec son scooter... Si tu te déguises en livreur de pizza pour aller tirer un coup, c'est que t'as deux Gervitas à la place des couilles. Pour prendre ce risque, c'est que ca devait peser. On peut faire le tableau de ses conquêtes... La première, il lui a plu sur la vendange, elle est un peu fripée, mais à l'époque, ça se ramenait une fille comme ça, on a écrit sur du plus vilain papier ! Celle d'après, ça casse pas trois pattes à un canard, moins conne, elle compensait. Et la dernière, fraîche, c'est ça la politique, ça te file quelque chose de plus. Parce que quand même, une fois qu'il n'y a plus les lumières, faut rentrer dans le cadre, ce n'est pas une promenade à l'Élysée ! T'es en droit de penser que pour lui monter dessus à cet homme de pouvoir, t'as sûrement quelque chose à lui demander.

Le type de pouvoir, imaginez le torse nu, des épaules de serpent, la cabine avancée, un vieux Berliet, un camion-benne, des lunettes. Je lui laisse le panier à bigorneaux. Imaginez-le sur la bête, des rotules de berger Allemand, le cul de Jeanne Calmant avant sa mort, imaginez-le sur la bête en pleine saillie, cherchant le mouchoir qu'il a dans la culotte pour essuyer la buée qu'il a sur les lunettes. Heureusement pour le pouvoir qu'il existe le noir.

M comme MILITAIRE : Un adjudant est au pied d'un arbre où sont embusqués des soldats : « Combien êtes-vous là-haut ? » « Trois, mon adjudant. » « Bien ! Que la moitié descende ! »

**N comme NAUSÉABONDE :
c'est l'atmosphère d'une explication avec ta femme quand tu défends un pote qui trompe la sienne !**

O comme OPÉRATION COUP DE POING : technique rugbystique à la régulière, par-derrière.

P comme PET AU LIT DIT « À L'ÉTOUFFÉE » **: technique d'évitement sexuel.**

MOSCATO POÉTISE

Notre Père

Tout le monde était là, debout sur le parvis,
De tous les horizons, en dernier compagnon,
Venus rendre l'hommage à Lui, qui sans répit,
Guerroyait la misère et tous les malappris.

Mort un jour d'hiver à la saison ennemie,
Celle qui jette dehors les gens avec mépris,
Venant grossir les rangs des pauvres, des sans-abri,
Ils sont seuls sans Lui, sans le vieux qui leur sourit.

La guerre dura quatre ans, mais la sienne fut à vie,
Jamais d'armistice, ni autre compromis
Depuis que sous cette tente il vit l'ignominie
D'approcher un enfant qu'il découvrit sans vie.

Ce fut un coup de gueule grave, plein de chagrin.
Il fonda Emmaüs avec des moins que rien.
Hurlant son désespoir aux portefeuilles pleins,
Son cri fut entendu par Sieur Charlie Chaplin[1].

Son don de deux millions multiplia les toits,
Parfois les bâtisseurs étaient d'anciens forçats,
Cassés de l'intérieur, construisant avec joie
Des cabanes en bois qui redonnaient la foi.

Puis ce fut l'engouement et on créa d'urgence,
Enfin les politiques débloquèrent les finances,
Des immeubles furent construits, ne sentant pas le rance,
L'abbé, encore une fois, refoulait la souffrance.

Peine en Notre-Dame comme on en compte peu,
Et pourquoi pour cet homme qui fit plus d'un heureux
Les riches étaient au chaud et pas les miséreux ?
Ils n'ont pas tout compris, l'abbé, tant pis pour eux.

---

[1] Charlie Chaplin fut le premier artiste à faire un don
de deux millions de francs à l'abbé Pierre.

“ J’ai pas été longtemps à l’école mais j’ai un diplôme de vie, de curiosité. ”

Il était une fois dans la jungle africaine,
Un chasseur demi-fou qui parcourait la plaine.
Il allait de l'avant en tirant au hasard.
Les biches, les panthères, pour lui tout était bon.
Mais pour son grand malheur, il tua une guenon.
Les singes mécontents se mirent en colère.
Devant l'assassinat, ils devenaient tous frères.
Réunis en conseil sans distinction de race
Ils décident alors, en chœur, de faire face
À ce fol assassin, à ce chasseur maudit,
Qui, sans raison aucune, massacre ces petits.
Ils attaquent de front, dans un accord parfait,
Le chasseur assailli s'arrête stupéfait,
Puis reprenant conscience, il tire dans le tas,
Le tam-tam au lointain sonne son dernier glas.
Les munitions s'épuisent, il doit battre en retraite,
Poursuivi sans arrêt par les terribles bêtes,
Cette course effrénée doit alors s'arrêter,
Au bord d'un précipice où il vient se jeter.

En blanc, avec ta toque, Jean Couderc.

Lorsque j'étais enfant, c'est dans la cheminée,
Que la nuit de Noël je mettais mes souliers,
Avant de m'endormir, je faisais ma prière,
Pour que le père Noël descendît sur la Terre.
Oui ce bon père Noël dont on nous parlait tant,
Les bras chargés de tout ce dont rêve un enfant,
Un jour, je m'éveillai, je regardai ma mère,
Dans mes petits souliers, que du charbon de terre,
Alors je sanglotai, le cœur rempli de rage,
Que lui ai-je donc fait ? J'ai pourtant été sage !
Mais depuis j'ai grandi, et bien sûr j'ai compris,
Si je le vois un jour je lui dirai ceci :
« Tous les plus beaux jouets vont aux enfants de riches,
Et les pauvres, qu'ont-ils ? Vraiment tu es trop chiche,
Le Christ a pourtant dit : "Donnez aux malheureux",
Toi tu l'as oublié, qu'as-tu porté pour eux ?
Pense à tous ceux qui souffrent, à tous ceux qui ont faim,
Sois donc un peu plus juste sans te forcer la main,
À nos vaillants soldats qui partent pour la guerre,
Eux qu'on envoie mourir sur la terre étrangère,
Mourir pour qui ? Pour quoi ? Y penses-tu parfois ? »

Poèmes de Jean Couderc, un homme très bon qui a eu,
entre autres, le talent d'écrire ces lignes.
Merci Jean.

MOSCATO
FAIT SON CINÉMA

Quand j'ai reçu ce scénario, qui depuis a été tourné avec l'oseille d'une région et du CNC, je me suis dit que les administrateurs de ces fonds étaient sûrement des sous-doués ! L'auteur de cette joyeuse sarabande m'avait demandé de le rappeler après lecture, j'ai mis du temps à me décider, mais je l'ai fait. Il doit encore avoir les tympans grippés avec ce que je lui ai balancé dans les feuilles, le pervers ! Court extrait du scénar : « Habillé d'une salopette à bretelles, de rangers et d'un gros ceinturon de pompier, je me dirige torse nu vers le facteur. Le maire, quant à lui, chaussé d'une paire de Berlutti sans chaussettes, n'a gardé que sa cravate. Le lendemain, le facteur faisait sa tournée avec un oreiller en plumes fixé sur sa selle ! » Nous étions dans un milieu d'agriculteurs homosexuels ! Je m'en voudrais de vous dévoiler la suite pour ne pas vous priver du suspense.

➔ Ça me soulage que personne ne regarde les making-of, car quand tu entends un réalisateur qui t'a fait tourner expliquer que sa générosité l'oblige à travailler avec de vrais-faux comédiens et que tout le film ne tient que grâce à lui – alors que toi, tu as fait le job –, tu te dis que si le film avait eu du succès, il serait carrément devenu un héros.

Je me souviens d'un casting dans un bureau pour une pièce de théâtre où la nana m'a demandé de me déshabiller pour jouer une scène dans laquelle j'étais prof de sport. Jusque-là, tout était à peu près normal, mais j'ai été gêné quand elle a sorti son double centimètre ! Sur ce, j'ai décidé de quitter le bureau et la poignée de la porte m'est restée dans la main. J'avais l'air malin ! Quelques jours plus tard, j'étais pris pour la pièce qui a fait un bide : il y avait plus de comédiens sur la scène que de spectateurs dans la salle !

LE PHOTOGRAPHE DU PLATEAU S'APPELAIT JEAN-CLAUDE. IL GUEULAIT « MON POULET, MON POULET ! » COMME CHEZ LE BOUCHER. « NE BOUGE PLUS, NE BOUGE PAS, TU ES À CROQUER. » ÉVIDEMMENT, LES COMÉDIENS EXHIBANT LEURS CUISSES ET LEURS CROUPIONS, IL NE LUI VENAIT PAS D'AUTRES MOTS À LA BOUCHE. ON L'A ASSEZ VITE REBAPTISÉ « GHYSLAINE ».

Je voulais tourner *Voyage en Terre Inconnue* avec Frédéric Lopez, mais il s'est fâché parce que j'ai dénoncé Muriel Robin quand elle a mangé toutes les provisions d'hiver d'une tribu massaï en un repas ! Après quand il n'y a plus eu les caméras, des types sont morts de faim, mais personne l'a su !

Un réalisateur est un type qui est toujours entouré d'une cour – des mangeurs de figues comme on les appelle – et quand tu te pointes pour le rencontrer, ses valets te le présentent en s'écriant « c'est LUI », dans un style Salvador Dali en transe devant sa toile assis sur son pinceau ! Le type me dit : « Ton rôle est merrrrrveilleux et TU es le rôle. » Je m'assois, il me sert un coup de rouge dans un verre en pyrex, le tout sur une table en formica jaune ! Le nec plus ultra de la branchitude au cinéma : être dans un trou à rats de banlieue avec un patron bouffi et ivrogne à qui les acteurs font la bise en le félicitant de servir de la bouffe à l'ancienne… « Gégé, ton bœuf en daube était topissime ! Comment, c'était du poulet ? Ah Gégé ! T'es vraiment une star ! »

Un jour, je suis invité à déjeuner par un réalisateur qui voulait me filer un rôle de rugbyman parce qu'il me disait qu'il avait joué à petit niveau et qu'il était passionné de rugby. Rien de pire qu'un mec qui a joué un peu et donc qui en parle beaucoup ! Quelle épreuve ! Je me suis farci les itinéraires rugbystiques de toute la famille depuis minime à Beaumont de Lomagne… Quand il a eu fini, il a pris son téléphone :
– Allô ma chérie, non je ne suis pas avec Gérard… *(Comprendre Gérard Depardieu…)* Oui OK on se retrouve chez Johnny… *(Comprendre Hallyday…)* Oui, on passe la soirée avec Vincent… *(Moi ? Moscato ?… Ben non, c'était Cassel !)*

Il ne m'a plus regardé, il n'avait plus le temps de manger, il a pris un air excédé. Il allait falloir que je m'excuse d'exister, il a enfilé son manteau en fourrure et sa casquette d'Hells Angels, j'ai compris que j'allais avoir besoin de temps pour m'adapter !

Dans le cinéma, tu as le producteur qui se fait lécher la figue par le réalisateur qui est entouré de sbires mangeurs de trous de balle.

Le jour où l'on m'a proposé un premier rôle, j'ai senti qu'il y avait une fève dans la galette et que j'allais probablement me rayer une molaire. Mais bon, quand tu débarques comme premier rôle au cinéma, il y a de quoi avoir la gaule et la gaule, ça allait me servir !

LORS D'UNE AUDITION, LE DIRECTEUR DE CASTING ME DIT : « JOUE-MOI LE TYPE TRISTE CAR SA MÈRE EST MORTE, MAIS AVEC UNE LUEUR DE JOIE AU FOND DE TES YEUX, PARCE QUE TU AS TOUCHÉ L'HÉRITAGE. » ÇA, C'EST PAS DU CINÉMA !

→ UN BON COMÉDIEN EST UN TYPE QUI HONORE LE TEXTE, UN MAUVAIS COMÉDIEN NE SERA JAMAIS SUBLIMÉ PAR LE TEXTE.

Pourquoi faudrait-il que je perde mon accent, mon identité ? Je suis fier, je suis arrivé à Gaillac enfant et je revendique cette région qui m'a fabriquée, je leur suis redevable. Mon accent, je l'aime et je ne changerai rien. Sur des castings, j'ai été refoulé à cause de mon accent, alors j'ai été tenté de changer quelquefois et puis je me suis dit : je ne vais pas me laisser soudoyer par des espèces de pompes à vélo qui ne valent pas un euro ! Quand il y a un film, ils me prennent comme je suis, sinon le mec va se faire peindre en bleu… Un schtroumpf !

Q

comme QUI BOIT SANS SOIF :
… vomira sans effort.

R comme REMONTÉE D'HUILE :
un lendemain de soirée alcool + un hectare de clopes, tu as des remontées d'huile qui te font cracher des huîtres de Bouzigues.

S comme SOCIALISME :
T'as deux vaches, le gouvernement subventionne l'achat de la troisième, mais tu dois vendre les deux premières pour payer tes impôts.

T comme « IL EST OÙ LE TROU, IL EST OÙ ? » : Pub avec Stéphane Bern qui me fait mourir de rire !

MOSCATO BALANCE

RMC
TALK SPORT
RMC
INFO TALK SPORT
RMC
INFO TALK SPORT
GIBSONS LANDING LTD.
Mfg &
Supply
Co.
PREMIUM SPE ALTY GOODS
QUALITY

À POIL !

Peut-on tout faire, tout dire ? Oui ? Alors allons-y gaiement, mais il en restera toujours quelque chose d'indélébile. Indélébile, ça rime avec débile, parlons de tout, en long en large et en travers, sans garder aucune intimité, tout doit se savoir, ne gardons rien ! Vous les gênés, les coincés, c'est à vous de vous adapter ou de disparaître, si vous ne comprenez rien, déguerpissez ! Dehors ! C'est du second degré, de l'humour, les expressions types de certains quand ils sont pris en flagrant délit de lourdeur, de grossièreté. Ne contestons plus, c'est vendeur et créatif, paraît-il ! Tout ce que l'on fait engage notre responsabilité, assumons ! Quand tout le monde approuve ou fait semblant, par manque d'avis, de caractère, par intérêt, il ne reste plus qu'à te cacher pour parler sous le manteau de l'avis que tu n'oses exprimer par peur de ne pas penser comme tout le monde. « Je ne sais pas… Je ne sais plus », le risque est grand de tomber dans la philosophie de supermarché… « Enfin je suis perdu. » Je suis perdu, car tout me rattrape, moi le cancre qui dit tout et n'importe quoi, ça me revient en pleine gueule. Est-ce que je change ?

« La bonne vieille méthode ? Le cul ! Ça marche toujours ! »

La cinquantaine vous oblige à faire le point sur les quarante années écoulées et – on l'espère – sur les quarante à venir. Je pourrais rester dans mon coin sans rien dire, à flatter l'ego des « importants », à taper toujours sur « les beaufs », trop facile de toujours tomber sur les mêmes, d'autant plus que j'en fais un peu partie. Jouer le bouffon du roi, d'autres savent le faire tellement mieux que moi. Chez certains, l'adaptation aux idées des autres, même si elles sont opposées aux leurs, se fait avec une facilité déconcertante, c'est devenu un métier.

Peut-on rire de tout ? Peut-être, mais le rire, c'est comme tout, à force d'en abuser, ça devient une habitude, ça perd de sa superbe, quand le rictus se déclenche à la moindre « blague à Toto », gare ! Tu peux un jour t'exploser devant ton géranium et là, c'est beaucoup moins drôle, ça sent « Sainte-Anne » à plein nez !

L'exagération de tout ne produit jamais l'effet escompté, c'est l'histoire du comique de répétition, ça use... Comme la communication ? La finesse, dans ce métier, c'est d'interpeller en communiquant ses idées. Les recettes sont maintenant connues et interpeller ne suffit plus, il faut choquer.

La bonne vieille méthode ? Le cul ! Ça marche toujours, pas de souci là-dessus, il suffit de l'agrémenter d'un discours à l'inverse de ce que tu montres. Luciano Benetton l'avait déjà fait, il y a une dizaine d'années, en montrant une vingtaine de sexes masculins sur des affiches de 4 m × 3. Rien n'était en rapport avec son métier, mais peu importe, on n'a parlé que de ça ! Pourquoi Renault, pour relancer ses ventes, ne mettrait-il pas ses commerciaux en string ? Ça marcherait.
Pourquoi le pape, pour convertir plus de monde à la chrétienté, ne conduirait-il pas sa papamobile avec une soutane rose et des porte-jarretelles ? On peut trouver cent exemples de communication de ce type, et croyez-moi, pas besoin d'être un génie ou d'avoir travaillé vingt ans chez Darmon ! Choquer, ce n'est pas du talent, ainsi quand je parle du pape ça fait mal… Pourquoi ? Le contraste. De tout mon papier, c'est juste cette métaphore qui restera, car elle est en totale contradiction avec la représentation que l'on se fait du pape.

Un autre exemple : prenez une vingtaine de rugbymen, connus, médiatiques, hyperprotéinés, faites-les jouer aux infirmières façon Marc Dorcel sous la douche et on en parle dans toutes les chaumières, on s'en gargarise et on en oublie l'essentiel : le rugby. Mais pour tous ceux qui n'aiment pas le rugby, que la fête commence ! Bien entendu, n'oubliez pas de reverser les fonds à une association. « L'association », c'est l'élément moteur de la bonne morale, la machine à laver l'âme. À quand le calendrier politique ? Aucun président n'y a encore pensé ?! À poil les députés à l'Assemblée du 1er janvier au 31 décembre ! Le mode de communication de la Coupe du monde 2019 ? À poil Laporte au journal de 20 heures de TF1. Démodés, les entraînements à huis clos du XV de France à Marcoussis ? Séances de mêlées à poil, retransmises tous les premiers mercredis du mois sur Canal+ ! Merci de nous avoir renvoyés au royaume d'Adam… et Adam ! Mais qui va croquer la pomme ?

Tout est virus, l'intestin est à la mode en ce moment, le nid à microbes. Tu pètes, c'est la faute aux champignons sur sa muqueuse ; tu trompes ta femme, t'as chopé un virus intraitable qui habite tout ton côlon ; tu rotes, c'est une maladie tropicale ; tu pues des pieds, t'as mangé trop de protéines !

QUAND LA BULLE DES TRANSFERTS FINANCIERS DE FOOT VA EXPLOSER, DITES-LE NOUS, ON SERA LÀ AVEC DES PETITS PANIERS POUR RAMASSER LES BILLETS.

“Pour s'intégrer dans les beaux quartiers, il faut avoir recours à la chirurgie esthétique et, au minimum, faire opérer sa femme. En région, c'est plus naturel, si tu vis en Bretagne, tu bois ! Si tu vis à Saint-Denis, tu voiles ta femme ; mais à Neuilly c'est le bistouri ! À Marseille, tu ne te lèves pas le matin, en Corse tu ne te lèves pas de la journée, au Pays basque tu ne vends plus, tu achètes, à Gaillac tu réfléchis, c'est le contraire du Nord !”

L'arme suprême, l'arme atomique, quand t'es dans le sport, c'est de dire « je suis un ami de Yannick ». Là, plus personne ne vient t'inquiéter. Avec ça, je peux franchir toutes les frontières sans papier et le racisme dans ma bouche passera pour de l'humour. Quand tu connais « Yan », c'est la fin des emmerdes. Je peux dire que Poutine est sympa, je m'en branle, je connais « Yan ». Les « intrigueurs » n'osent dire mot, car on ne touche pas aux amis de l'ami n° 1 des Français ! Et si tu connais Jean-Jacques Goldman, alors là tu peux carrément chier sur la table le jour de la grande sauterie à l'Élysée. Tout le monde applaudit. Quand t'es l'ami de « Yan », la vie n'est plus la même, tu connais les codes, tu as « le petit livre rouge » intitulé « Yeah man » !

RIBÉRY NE VEUT PAS REVENIR EN FRANCE, LA LANGUE EST TROP DURE !

Avant, dans toutes les familles nombreuses, t'avais souvent un gosse plus simplet que les autres qu'on mettait à garder les vaches. On le casait quelque part, quoi ! Maintenant il a un contrat chez NRJ 12.

LES TYPES QUI SORTENT AVEC DES GONZESSES DE QUINZE ANS DE MOINS QU'EUX, ça les vieillit. Quand ils sont côte à côte, t'as la fraîcheur qui en fout plein la gueule aux rides, le gaz qui les intoxique. Et comme ils ont du mal à suivre, ils meurent plus vite.

LES PETITS CHIENS, ÇA M'AGACE. L'AUTRE JOUR, J'AI ÉCRASÉ TROIS CHIHUAHUAS, J'AI FAIT UN KEBAB DE TROIS MÈTRES DE LONG.

Deschamps a beaucoup maigri, il se fait du souci. Il bosse qu'avec des mecs qui écrivent « Papa » avec trois « p ».

Y a pas de plus grande maladie que son voisin. La peste noire, le sida, la fièvre espagnole, c'est des maladies de tafioles. La fièvre espagnole : un million de morts de 1918 à 1920. Insuffisant. Rien ne vaut le travail de Staline et d'Adolf lors de la dernière guerre : soixante millions de morts. S'ils avaient transformé tous ces types en engrais, on aurait pu fumer 10 000 hectares de roses pendant mille ans. Qui dit mieux ? Personne !

Sans guerre t'es pas un homme. Si t'arrives à 50 ans et que t'as pas fait la guerre, tu bois, tu te drogues, alors que si t'as fait la guerre, tu bois, tu te drogues, mais t'as un truc à raconter.

À BIARRITZ, TU TE METS EN TERRASSE ET TU MATES LES TYPES : QUAND ILS MARCHENT, ILS ONT UN TUTEUR À GÉRANIUM DANS LE FION.

Le Marseillais, à part la pétanque, je ne vois pas quelle activité il peut faire ?

Quand je vous parle des Qataris, je ne vous parle pas de ceux de Carcassonne ! Ceux-là, ils sont pelés et c'est pas avec le vin qu'ils fabriquent qu'ils vont se refaire. Non, je parle de ceux qui rient parce qu'ils ont de l'oseille, je parle du Qatar.

On reconnaît les footeux qui ne prennent pas de risques. Ils agissent comme Bernardo dans *Zorro*, ils ne parlent pas, comme ça, ils ne courent pas le risque de dire une connerie.

LE GRAND → DÉPART

« Je monte à Paris », une déflagration, la grosse Bertha, le fait de prononcer cette phrase quand tu vis dans le Sud-Ouest te met au centre de regards inquiets. « Paris, mais t'es pas dingue, tu te rends compte de la vie là-bas ? Tu ne pourras jamais t'y faire. » Tout y passe, la circulation, le prix des loyers et même… la pollution ! Roger, mon pote de toujours appuyait sur le fait que la couche d'ozone était plus grise à Paris qu'ailleurs, lui qui roulait depuis vingt ans au diesel. « La pollution est sournoise, tu t'en aperçois quand tu rentres chez toi le soir et que tu te laves les mains. Si l'eau est noire, c'est ça la couche d'ozone. » Le test de la couche d'ozone, c'est l'évier !

« LE TEST DE LA COUCHE D'OZONE, C'EST L'ÉVIER ! »

Mon Dieu ! Je pense à tous ces types qui ont fait des milliers d'heures d'études avec des grosses lunettes dans des amphithéâtres si grands que tu pourrais y rentrer trois Airbus et deux Boeing ! S'ils savaient que Roger, avec son CAP de vendeur en « maisons cévenoles, un coup de vent et tout s'envole », a découvert le moyen de mesurer la pollution rien qu'en se lavant les mains avec du savon de Marseille, ils en tomberaient sur le cul !

La capitale, ça interpelle, le Grand Paris, ça menace, on s'y perd dans Paris, à l'entendre, y a des gars de chez lui qui y étaient montés en voiture et qui s'étaient perdus. On ne les a jamais retrouvés, des braves gens pourtant, et depuis plusieurs années ils cherchent leur rue pour revenir à Perpignan.

Là, Roger, faut bien l'avouer, il m'a effrayé ! J'en connaissais qui s'étaient perdus dans Paris parce qu'ils ne retrouvaient pas la rue pour rentrer. Et c'est au contraire parce qu'ils la connaissaient trop bien, cette rue, qu'ils ne voulaient pas rentrer chez eux. Ils se sont perdus dans la nuit et c'était volontaire, c'était leur envie et le chemin n'a rien à voir là-dedans. La nuit les a aidés, les filles un peu, l'alcool beaucoup, mais rien à voir avec le GPS.

Roger a insisté sur les dangers du trafic, le métro avec ses hordes de guerriers massaï et ses fellagas. Ah, mon Roger ! Je le sentais comme une âme en peine, c'est toujours comme ça quand on veut que la personne reste au village, on la retient à grands coups de mauvaise foi. Rien n'y a fait, il a eu beau m'expliquer que le club dans lequel je signais était un club de pompes à vélo, rien… Je suis monté !

On ne sait pas d'où viennent les Basques. On pense que ce sont des Belges qui sont arrivés dans le sud-ouest en passant par Gaillac où ils auraient chargé les barriques. Arrivés au Pays basque, ils avaient si soif qu'ils ont bu le Gaillac et ils sont restés collés sur place, d'où l'expression « coller aux basques ».

À L'EDF, TOUT EST PLOMBÉ : LES CHAUSSURES, LES COMPTEURS… ET MÊME L'AMBIANCE.

Pendant le rugby, l'électricité de France, l'EDF – ça claque ! – m'a ouvert ses portes, j'ai compris que j'avais un destin. Le plus dur à l'EDF, c'est de mettre les chaussures de sécurité. Une fois que c'est fait, tu ne peux plus bouger, il ne peut plus rien t'arriver, tu es i-na-mo-vi-ble !

Exemple d'entraîneur de Lyon : Claude Puel, une espèce de vieux chien sympa, l'œil vitreux, le déplacement lourd comme s'il était bloqué de l'arrière-train. Et puis l'aboiement, tout sur une même note – il ne doit avoir qu'une corde vocale ! –, jamais un mot plus haut que l'autre. L'enthousiasme d'un vieil huissier rongé par les insultes.

Un bon fainéant ne supporte pas qu'un type travaille moins que lui. Entre l'Éducation nationale et la Poste, ils se dénoncent !

J'entre dans une usine de fabrication de boulons, mon pote, silence de mort. Je demande : « Ils se reposent ? » On me répond : « Non, ils digèrent la galette des Rois. » C'est ça, les entreprises de pointe : gérer les temps forts et digérer les temps faibles ! Elle a fermé depuis…

La première fois que Monsieur le Maire de Gaillac m'a fait visiter les entrepôts techniques de la ville pour me proposer du boulot, j'ai compris en voyant l'enfilade de pelles, de râteaux, de brouettes flambant neuf, que les types devaient plus souvent jouer à la belote qu'au jardinier.

Le vin de Narbonne, il pique, c'est comme si tu léchais la batterie de ta bagnole !

LE MEC QUI NE SE LÈVE PAS PENDANT LA MARSEILLAISE, C'EST UN GROS CONNARD !

Je vais vous dire, personne ne se gêne, ça fait du bien de balancer, ça fait circuler le sang, y'a rien de mieux, pas de meilleur exutoire que de traiter « d'enculé » un mec qui gagne 500 000 euros par an. Quel bonheur de l'insulter, si en plus il est noir, ça défoule et ça sert aussi à ça le sport. Personne ne vous le dit, mais tout est organisé, c'est un très vieux principe : diviser le peuple, donner du pain et des jeux à la plèbe. Depuis César, on sait que le sport est le valium du peuple.

Le pinard, à Gaillac, tu en laisses tomber sur tes pompes, ça te brûle les orteils ! C'est un vin de punition, ils s'en servent à Guantánamo pour interroger les prisonniers. Quand ils voient les barriques arriver, ils gueulent : « Walla pas Gaillac ! Walla pas Gaillac ! »

Belle chute, plus de trois mètres, ma tête basculée en arrière, mes yeux comptent les dernières vis, rivets et autres pièces en alu fixées au plafond en tôle ondulée. J'aimerais que ces derniers instants qui me séparent de cette porte ouverte durent plus longtemps. Le froid me pince le visage, déforme ma bouche tant mes mâchoires sont serrées et je ne regarde toujours pas mes pieds. Dans ma tête, tout s'entremêle, se bouscule, comme si tout allait s'arrêter, je m'accroche, je ne peux plus avancer, mes jambes sont trop lourdes, puis plus rien, le vide, ça y est…

Laissons-les planer…

Le grand saut, à 4 000 mètres, en binôme, mon premier, enfin je crois, de toute façon je n'entends plus. La chute indescriptible provoque un silence, puis rien, plus rien…

On est toujours en recherche de quelque chose de fort, d'émotions perdues, de frissons qui te transpercent le corps. Les signes sont toujours là, les mêmes. Ne plus les sentir, ne plus les solliciter, c'est se perdre dans autre chose, une autre vie, une vie différente. Sans faire le deuil de ces sensations qui ont été ton oxygène pendant les longues années de compétition, le temps paraît long et sans saveur. Alors on égrène ses souvenirs, on invente des histoires pour continuer à les vivre.

Pour une nouvelle chaîne, promise au vide, au courant d'air du paf, le parachute s'est bien ouvert. La chute est délicieuse, bonne, sensationnelle, l'appel d'air les a fait remonter haut, très haut. Se faire durer dans le plaisir, rallonger ces moments de bonheur, mais l'attraction est forte, elle te rappelle à l'ordre, elle t'attire vers le bas, comme un aimant attire la limaille de fer. Planer encore, longtemps, le plus longtemps possible, de semaine en semaine, pour ne jamais toucher terre. L'altitude peut donner le vertige, un vertige qui rend fou, mais comment s'en rendre compte quand vos pieds ne touchent plus terre ?

L'altimètre est là pour ne jamais perdre de vue le sol, et en radio, comme au théâtre et au rugby, ton altimètre, ce sont les autres. Ceux qui te ferraillent tous les week-ends pour te faire descendre et prennent appui sur toi pour remonter. Pour le moment, rien ne les agrippe, ils sont insaisissables, même l'ogre de TF1 privatisé en 1987 ne peut faire redescendre Bolloré, campé dans sa cuvette, laquelle n'a jamais été aussi haute en altitude.

Alors, tant mieux pour eux, laissons-les planer, de toute façon ils seront bien obligés, un jour, de redescendre. Mais peu importe, leur voile est maintenant gonflée de victoires et même s'ils perdent un peu d'altitude dans les jours à venir, l'atterrissage se fera en douceur, la toile sera pliée, prête pour un autre saut. Pour la petite histoire, mon atterrissage s'est fait plus lourdement au rugby : je n'ai pas plié les jambes et j'ai fait un roulé-boulé sur mon instructeur qui avait la stature d'Yves Saint-Martin. Tant pis pour lui, à chacun son métier…

Il m'attend sur le pas de la porte, le pull Lacoste rose croisé sur la poitrine et les mocassins à pompons qui glissent sur le carrelage de l'entrée. Il s'impatiente, trépigne, probablement lui a-t-on raconté des inexactitudes sur ma ponctualité, enfin j'arrive... Il m'ouvre la portière. Soulagé, je descends, il m'embrasse comme un vieux frère, puis nous entrons dans sa demeure sans manquer sa dernière acquisition : le 4×4 à la mode, estampillé de l'autocollant « Rotary club » accolé à celui du Stade Français.

« PIGNON » ... SUR RUE

Ce soir, c'est moi « le con ». J'ai pourtant une certaine habitude de l'esquive pour échapper à ce genre de repas, mais la curiosité était plus forte d'approcher un spécimen pareil ! « Ma femme est folle du Stade Français ! Elle a bien raison, c'est merveilleux ce qu'a fait Max. » Revirement total de situation, il est de bon goût maintenant, en province, dans un milieu élitiste, d'être pro-Parisien.

Les présentations à peine faites, il me tire dans le couloir pour une visite obligatoire de l'objet de sa réussite sociale : sa baraque ! Piscine chauffée, jacuzzi, sauna, il faut qu'il montre... Ça le rassure. Le tout accompagné du couplet du petit gars devenu grand ! Le con de Parisien n'est pas simple, mais l'excellence revient encore et toujours au notable de province.

Nous sommes passés à table dans un débit de conneries régulier, sans à-coup, maintenant une pression d'environ deux barres à la sortie du tuyau, gare ! Ne faites jamais boire ce qui en sort à vos petits, ce pourrait être irrémédiable, du moins c'est l'impression que j'ai eue en voyant le sien !

Sa femme, probablement jolie auparavant, passait ses journées entre séances d'UV et épilation de la touffe, mais vivait le drame de l'abandon depuis le départ de « son » esthéticienne partie travailler à Toulouse. La dépression la guettait.

La conversation prit une tournure plus sérieuse lorsqu'il plongea dans ses souvenirs me rappelant un match entre « dentaires » et « sciences po » où, remarqué par les dirigeants du stade toulousain, il aurait dû signer en fin de saison. Rapide, il courait moins de onze secondes aux cent mètres lorsqu'il prit un plaquage de Jean-Pierre Rives soutenu par Claude Dourthe et sûrement d'autres internationaux qu'il faisait mine de se remémorer. La jambe brisée, il fit le choix des études alors qu'une carrière internationale se dessinait pour lui à l'horizon...

Enfin, relevant la tête, il raccrocha son sourire, après ce moment fort en émotions, et déboucha un énième grand cru. Nous allions attaquer le chapitre « politique », vous n'allez peut-être pas me croire, mais lui aussi « connaît » Sarkozy, je dois bien être le seul à ne pas l'avoir comme ami, honte à moi ! Dommage, ça fait classe d'être l'ami de « Nico », surtout en province.

« ÇA FAIT CLASSE D'ÊTRE L'AMI DE " NICO ", SURTOUT EN PROVINCE »

Au moment de partir, il me promit de me le présenter, et sa femme d'ajouter : « Vous verrez, il est très gentil. » Oh ! merci, Monsieur Pignon...

Houellebecq, c'est quelque chose, le Pavarotti du bouquin, quelle plume mon cher ! Surtout sa dernière saillie, le comité des couilles molles était dans tous ses états. Il croyait avoir du boulot pour les trois mois à venir, mais l'ingrat de Houellebecq a fait trois plateaux télé puis il est reparti dans sa campagne. Il n'a pas jugé bon de s'expliquer, il a snobé genre « vous ne me méritez pas, crétins des Alpes ». Il s'en fout l'animal, il est au-dessus de la mêlée. Son plaisir, c'est la ligne, c'est un « lignard » de fond, il tape sur son clavier avec férocité comme d'autres regardent « Les Ch'tis à Miami ». Il peut rester des heures et des heures en érection littéraire. Un glaive, une épée, ce Houellebecq. Il devrait faire attention à sa santé, car depuis quelque temps il commence à attraper le physique de Françoise Sagan. Fais attention, vieux, t'abîme pas trop vite, tu vas nous manquer !

Dans les « empêcheurs de palucher en rond », il y a sa majesté Zemmour, et lui, je l'imagine bien se fendre la gueule quand il en couche un qui pète sur son clavier. Zemmour, c'est le style à ne jamais tergiverser, il envoie du bois, il coupe, il défriche, l'Attila. Quand il sort son Montblanc®, rien ne repousse derrière, les pages saignent, il fait mal. Dans le jargon rugbystique, c'est un *impact player*. Il rentre dans la meule, il démolit, il te marche dessus, il t'oblige à baisser les yeux comme un taureau qu'a reçu la pique. Brave, mais c'est lui qu'a la cape, c'est le « El Juli » de la littérature. Il met à mort notre petit confort velouté de Français moyen qui ne veut pas réfléchir, il appuie là où ça fait mal : la culture, la tradition, la religion. Il nous rabâche qu'on se fait « prendre en levrette » et que ce qui nous arrive est de notre faute, et qu'on n'a que ce qu'on mérite. Il est dur, le Zemmour, il empêche de dormir, tout le monde morfle,

« LES EMPÊCHEURS DE PALUCHER EN ROND »

c'est une kalachnikov verbale, il envoie du pâté, casher bien sûr, et si dans l'histoire ça a souvent été un inconvénient d'être juif en Europe, surtout au XXe siècle, pour lui c'est un atout. Il sulfate tous les extrêmes. Il a la puissance de feu des orgues de Staline, il arriverait à faire battre Jack Lang contre Harlem Désir. Gaillard, costaud, pourtant pas évident de tenir la position, il récolte toutes les critiques, à se demander s'il ne les cherche pas ? Il déroule, il lâche du crin, il envoie, mais c'est pour mieux ferrer la bête, lui mettre un hameçon dans la joue, c'est un carnassier ! Hélas pour ses détracteurs, le temps qui passe lui donne raison : Charlie, Bataclan, Nice… La haine nous empoisonne, il ne manquait plus que ça : légitimer l'horreur. J'en ai marre de tout ça, notre pays nous doit une extrême sécurité, on ne doit pas « s'habituer à vivre avec le terrorisme » comme ont dit certains de nos politiciens. Poutine disait qu'« il poursuivrait les Tchétchènes jusqu'au fond des chiottes », entre les deux il y a peut-être quelque chose à faire, non ? Et bien non ! La guerre soit tu la fais, soit tu la subis. L'histoire nous a montré que l'attentisme est la pire des choses. Quand tu ne regardes jamais ton rétroviseur, un jour ou l'autre tu cartonnes : le passé sert d'expérience pour tenter de ne pas recommencer les mêmes erreurs. Sur Internet, on relève la phrase suivante : « Autrefois on a eu peur des bruits de bottes, maintenant c'est du silence des babouches. »

« Je suis fatigué, patron, de voir les hommes se battre les uns contre les autres, je suis fatigué de toute la peine et la souffrance que je ressens. » C'est un extrait du film *La ligne verte* avec Tom Hanks, une phrase que je ressens et je ne suis pas le seul, mais elle ne doit pas conduire à la faiblesse, je ne tendrai pas l'autre joue. La vie passe, quoi de neuf, Docteur ? L'histoire nous montre que le méchant perd toujours, à la fin, parce que les méchants finissent par se manger entre eux.

Elle est là

Parce que vous croyez, vous, que ça va durer, comme les impôts ? Et que les problèmes ne sont que chez les autres ? Et bien non ! Vous vous réveillez un matin avec la sensation curieuse que la grâce est en train de vous quitter. Ce n'est pas venu du jour au lendemain, non, vous avez d'abord constaté que vos derniers rapports d'activité étaient loin d'être brillants, mais vous vous laissiez bercer par les mots rassurants des collègues, prenant ces revers comme ce qu'ils étaient certainement : passagers.

Bien sûr que vous le savez, qu'il faut toujours anticiper, prévoir que le vent tourne, mais rien que de se poser la question, il est déjà trop tard. Elle est arrivée, impalpable, se glissant dans tous les coins et recoins, déglinguant tout comme des grains de sable dans un roulement à billes. Elle est bien là et nul ne peut rien y faire, à part attendre qu'elle aille voir ailleurs. Ne rien dire, rester solidaire de son groupe, ne pas craquer, se mettre de la cire dans les oreilles pour ne pas entendre la vindicte populaire qui réclame la tête de vos cadres, de vos chefs de service et de vos dirigeants. Et pourquoi pas la vôtre, Président !?

La barque tangue. Attaché au mât comme Ulysse, vous résistez pour ne pas répondre aux sirènes qui pourraient vous entraîner vers les bas-fonds. Elle vous a surpris sans que vous sachiez ni pourquoi ni d'où elle vient. Vous ne voyez toujours pas ? Ce qui est sûr, c'est qu'elle terrasse chacun de nous un jour dans sa vie.

On la rejette en bloc, on dément formellement sa prise de position, on évite de prononcer son nom, à son contact les plus bavards deviennent taiseux. On la connaît, pourtant, elle décapite des bus entiers d'individus, elle fait couler des larmes et déverse des tonneaux d'encre, gangrenant tout ce qu'elle touche. Même indirectement, quand elle ne touche pas, elle agit, fait des alliances, des fusions entre les concernés comme autant de mauvais mariages qui débouchent inévitablement sur des séparations douloureuses, quand ce ne sont pas carrément des scènes de crimes.
Méfiez-vous…

Votre chance, c'est qu'elle a la bougeotte, elle ne reste jamais au même endroit, cherchant des terreaux plus propices pour renouveler sa sève. En attendant, prenez votre mal en patience. La garce est là, on l'appelle « la crise ».

MOSCATO
MOTS D'AMOUR

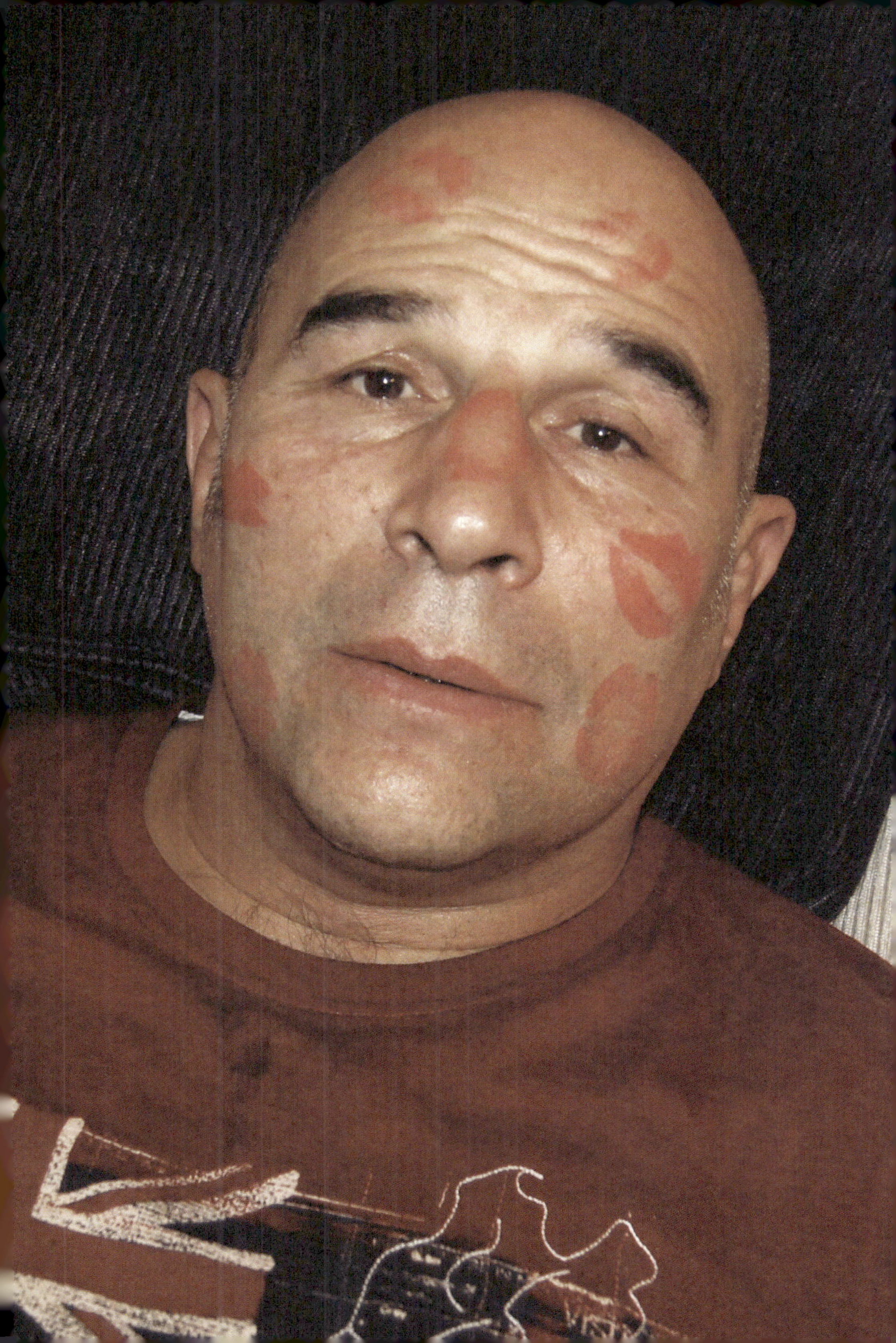

CENT JOIES...

Club des anciens de la mairie du village

100 ANS...

Et pas sans peine ni reproche, des années avec, et d'autres sans, sans regarder derrière et encore moins devant. La soirée du centenaire sent le sapin, elle commence pourtant sous les meilleurs auspices et c'est justement de l'hospice que nous avons décidé de sortir nos vieux, pour un tour d'honneur... Oh ! mon Dieu...

C'est fait... L'association de la mairie pour les anciens ne lésine pas à la dépense et quand il s'agit de faire briller ses vieux cuivres, elle fait couler le Mirror à flots. La peau de chamois lustre quelques vieux crânes dégarnis que quelques anciens, par respect, cachent aux plus jeunes d'un béret ou d'une capuche doudounesque, d'un manteau trop long qui transforme les plus petits en Schtroumpf.

Le premier virage s'amorce au train, tranquille, on bavarde, on rigole. Les plus pêchus sont prêts à rugir devant une dame bien apprêtée, un regain de fougue, ils sentent un tigre renaître dans leur moteur usagé. Les dames justement, parlons-en, elles pétillent, leurs courbes rafraîchies dans un tailleur pantalon acheté pour l'occasion et un chemiser souple, confortable, qui laisse apparaître des seins serrés dans un large soutien-gorge Playtex, l'une des premières marques toujours de qualité, née après-guerre.

Les enfants ou petits-enfants les ont accompagnés au rendez-vous, et ils regardent avec tendresse se former ce *grupetto* de bons camarades qui animent et tiennent encore, à force de solidarité, les derniers événements du village. Un Robert

Hossein, maître des lieux dans *Ben Hur*, devrait pâlir de jalousie devant cette mise en scène réglée au millimètre.

Le public se demande ce que font ces hommes en manteaux trop longs, arrivés en retard et ressemblant à des démineurs ? Géré au micro par un Jean-Marie Rivière des pauvres, le groupe se scinde en deux pour faire une haie d'honneur aux jeunes de moins de soixante-dix ans, c'est sur cette passation entre générations que les festivités d'anniversaire organisées prennent fin. Les plus jeunes embrassent leurs anciens et les remercient de leur permettre de prendre les responsabilités du club pour les années à venir. Un buffet campagnard les réunit encore avant le bal, joli rappel de leur jeunesse, comme dirait Michel Sardou : « Jeanne Calmant, réveille-toi, ils sont devenus mous ! »

« Jeanne Calmant réveille-toi, ils sont devenus mous ! »

Sur la table, le chat est maigre et l'anniversaire tourne court et surtout, il ne bouscule ni ne révolutionne la fin de vie de ces camarades. La fanfare des bals musette est remplacée par un groupe de rock dont la chanteuse n'émeut personne par sa voix fluette. La suite… Rien à signaler, à part une bougie posée sur un gros gâteau indigeste qui est la seule lumière d'espoir de la soirée.

Nous les attendons sur le quai de gare pour les raccompagner à la maison de retraite où nous ne voulons jamais aller, tête basse car nous regrettons de les abandonner là avec un doux baiser sachant que bientôt nous ne les reverrons plus.

Vincent,

Ton FACEBOOK est d'argent et ta parole est d'or.
Sur les ondes tu croquettes comme un alligator,
J'ai revé de pompom toutes les nuits
Comme Madame Quentin, je t'aime pour la vie.

De Broca est le premier à t'avoir fait tourner
Weber a vite compris que tu ferais rigoler
Un public de cinéma qui ne cesse de te réclamer
Alors Vincent fais-NOUS plaisir, reviens comme
un jeune premier.

Sur les planches de théâtre,
tu cognes comme le brigadier,
Ton succès et les applaudissements font vibrer
Une scène qui chaque fois manque de s'écrouler
Maigris un peu ! Blague pour, à mon tour, t'amuser !

Mon père, sur les terrains, aussi t'a beaucoup admiré,
Des salauds ont essayé de t'empêcher d'exister,
Ma mère, prof à Biarritz, enseigne tes qualités
À des élèves jeunes qui rêvent de te rencontrer.

Toute ma classe de 6e t'embrasse.

Courrier des lecteurs,
24 juillet 2015

Vincent,

Si je t'envoie ce carton d'hameçons, c'est parce que tu as dit que tu avais envie de pêcher et que je suis guide de pêche, comme tu dis « la pêche à la truite » est une spécialité rugbystique dont Max Guazzini est l'entraîneur. Je serais fier et heureux de t'initier à cet art, car toi qui es en mouvement tout le temps et qui parles beaucoup et fort à la radio, il faudra te plier à la douceur des chuchotements. Rester tranquille, assis ou allongé dans l'herbe comme cette belle photo de toi sur Internet avec une rose entre les dents. Tu voulais ressembler à cette actrice qui se jetait d'un rocher, dans une pub pour un dentifrice, mais la peur de l'eau t'a obligé à te coucher dans l'herbe… Et le soir, nous ferons dégustation de notre pêche.

Je t'aime,
Michel, du bassin d'Arcachon

Cher Vincent,

Je t'écris pour te dire que j'étais à ton spectacle hier soir à Toulouse et ton sketch sur l'hôtel Ibis m'a fait mourir de rire. Tu es le roi de la blague et « femme qui rit à moitié dans ton lit ». Je suis gérante d'un hôtel Ibis et je t'offre une chambre gratuite à l'année. Si tu te disputes avec ta femme, tu viens, si tu as besoin de te détendre tu viens, si tu veux inviter ton équipe de RMC en week-end, tu viens… Et comme ici il n'y a rien à faire, on pourra rire ensemble parce que femme qui rit… Je t'attends, Vincent Moscato, car depuis les blagues Carambar de mon enfance, il y a TOI et tu es toujours près de moi.

Virginie… d'un petit village
proche de Toulouse

Faut leur dire aux filles que je ne suis ni Rocco Siffredi, ni une machine à sentiments ! J'ai une famille que j'aime comme tout le monde, bordel !

Bonjour Vincent,

Comment te dire qu'après avoir choisi Sébastien Chabal pour son physique, je me suis mise à t'écouter sur RMC et comme c'est bon de rigoler. Je te préfere, je ne manque plus une émission ! J'avais bien envie de te voir, comme tous tes auditeurs je pense. Voilà que je te découvre sur scène au Silo de Marseille, et là je me suis pissé dessus de rire ! Vincent, tu es génial, je t'adore ! Je voulais te demander si – comme tu vas passer bientôt à 80 kilomètres de chez moi et je suis prête à faire l'effort – tu pourrais m'offrir deux places, je suis de gauche et à force de tout faire, tu vas être tellement riche !

Je t'embrasse, mon mari et les enfants aussi. Je viendrai avec mon frère qui veut absolument te voir sur scène.

Martine

Mots d'amour

« Je ne sais pas qui est ce gars, Moscato, un sportif sans doute, compte tenu de son physique, mais il m'apparaît tout de suite sympathique, avec des propos de bon sens sans la langue de bois ni le larmoiement de rigueur chez les artistes du show-business. »

Titus

« Vincent, tu es un gros caractère de nos provinces, de la France quoi, certes pipolisé, mais un gars de la France d'avant. Espérons qu'il y en aura toujours dans les provinces de la France, ou dans les villes, des gens comme toi avec un esprit fort. Tu représentes la France, Vincent. »

Marc Schmitt

« Oh mon Vincent, quand je t'entends j'ai l'bout qui sent… Euh le sang qui bout. Quand sur les ondes j'entends ta voix, mon être se remplit de joie. J'ouvre un Gaillac et je le bois et puis je vais m'finir aux bois ! Mais non… Je kikadise, j'suis aux abois. Sur scène ou bien à la radio, sur l'grand écran ou sur l'petiot, tu es l'meilleur des potes à Jo. Happyversaire Mr Moscato ! Santé Miladiou ! »

Benoît Teytaut,
comédien, le 28 juillet 2017

“ Vincent, c'est un coup de fraîcheur et de vérité. Je t'aime.

Anaïs de Bordeaux ”

“ Ton cœur est ancré dans mon âme comme une mouche dans le cul d'un âne. Depuis que t'es parti, je m'aperçois que tu n'es plus là !

Romis Montel ”

“ Même avant le Moscato show, je te trouvais beau. Quand j'entends le kikadi, aussitôt je souris, mais quand arrivent les vacances, alors finie la romance, la rentrée me tarde alors pour enfin te retrouver. Alors je te dis, cher Vincent, joyeux anniversaire, je t'aime tant !

Patrick Tronel-Peyroz ”

“ Oh grand maître du Gaillac, de la mornifle et du pré vert, par ces quelques mots je te souhaite un bon anniversaire ! De Bayonne à Perpignan, de Béziers à Blagnac, avec toi le petit monde de l'ovalie a pris une claque, inséparable de ta blonde comme mon grand-père et sa Raymonde, tu nous fais rire sans honte ni complexe, alors pour ta soirée d'anniversaire, je te souhaite rires, copains… Et beaucoup de sexe ! Au plaisir de te serrer la pogne !

William Toscane ”

U comme UNISEXE :
les femmes se battent pour ce modèle dans nos sociétés, les hommes n'en pensent pas moins !

V comme VÉLO : vaudrait mieux faire le Roubaix-Paris parce que quand t'as fini, c'est mieux Paris pour aller boire un coup.

W comme WEKISS :
et un site de rencontre de plus...
C'est comme le loto, ça joue,
mais peu de chance de rencontrer
ton alter ego !

X **comme** QUAND UNE ACTRICE PORNO EST EN ACCIDENT DU TRAVAIL... **c'est qu'elle est enceinte.**

Y comme YAK :
C'est un yak... C'est un buffle...
C'est un bœuf... Que dis-je...
C'est un beauf... C'est Moscato !

**Z comme ZIGZAG : « Dis Papa,
pourquoi Maman court en zigzag ? »
« Tais-toi et passe-moi les cartouches. »**

Les bonnes adresses de Moscato

Je me promène un peu partout en France, notamment lorsque je suis en tournée. On me demande souvent mes bonnes adresses. Alors en voici quelques-unes... Allez-y de ma part !

Du côté de Biarritz...

FACKTORIA

19 allée du Moura
64200 Biarritz
Tél. : 06 19 71 49 13

Chez FacKotria, tu rencontres Sophie et Virginie et tu bavardes et tu voyages et tu déniches un truc qui plaît à ta femme, à toi, à ta belle-mère, à un bon pote. Notre point commun, le « K » qui nous a donné envie de vous en parler... pour vous y retrouver !

ASKI GALERIE

28 rue Gambetta
64200 Biarritz
Tél. : 05 59 24 37 49

Ce type, Aski, il a franchement du génie. J'aime vraiment ce qu'il balance sur la toile ! À les regarder, ses toiles, on passe un excellent moment.

LES COLONNES

4 avenue Édouard VII
64200 Biarritz
Tél. : 05 59 24 44 45

C'est une authentique brasserie qui est vraiment chargée d'histoire et où je me réjouis d'aller déjeuner en famille ou dîner en amoureux. Incontournable ! Embrassez Philippe Bernat-Salles pour moi !

LES COULISSES

19 avenue du Maréchal Foch
64200 Biarritz
Tél. 05 59 24 02 02

Le restau de Jérôme Thion est à côté de la magnifique salle de la Gare du Midi où j'ai plusieurs fois joué mes one-man, car je m'y sens bien et le public basque est chaud comme la braise. On se régale, tout est bon, comme dans le jambon, et au Pays basque, les produits sont savoureux. Tu passes par-là, tu manges un plat. Chez Thion, c'est bon !

LE ROYALTY

11 place Georges-Clemenceau
64200 Biarritz
Tél. : 05 59 24 01 34

Cette institution qu'était Le Royalty, à côté des Galeries Lafayette, sur la place, vient d'être reprise par un pote qui, compte tenu de ce que je sais de son savoir-faire et de son élégance, nous prépare un endroit « the place to be ». Dès l'automne, j'y serai !

OSTALAPIA

Chemin d'Ostalapia
64210 Ahetze
Tél. 05 59 74 73 79

Ostalapia ou aimer dans les vignes, du moins au cœur d'une campagne inoubliable. C'est là qu'il faut dormir après t'être régalé d'une belle côte de bœuf. Et quand, quelques jours plus tard, ta femme te dit : « maintenant je veux voir la mer », demande aux patrons, la tonique Domino et mon pote le vieux grigou – mais grand chef aussi – Christian Duplaissy, ils te donneront l'adresse d'Ostalamer où tu t'allégeras autour d'un plateau de fruits de mer.

CASINO BARRIÈRE

1 avenue Édouard VII
64200 Biarritz
Tél. 05 59 22 77 77

À Biarritz, je joue également au casino Barrière : du théâtre, dans leur salle de spectacle dont l'acoustique est parfaite, puis dans la salle des machines où je file dès que j'ai un moment. J'ai le cul bordé de nouilles au jeu ! Aurai-je une place réservée à la table des cocus ou alors « joyeux au jeu, trèèèèès heureux en amour » ! Un type fascinant : Monsieur Dominique Desseigne de tous les casinos Barrière.

MILADY BEACH BY BOKADO

rue du Moulin de Chabiague
64200 Biarritz
Tél. 05 59 22 59 41

Le Milady Beach est né avec Éric Irastorza, champion du monde de pelote basque. Lieu d'exception, magic resto où je m'enivre de vins espagnols en savourant de bons petits plats, les pieds dans le sable… Ça fait rêver, non ?

Du côté d'Arcachon…

LA CO(O)RNICHE

46 avenue Louis Gaume
33115 Pyla-sur-mer
Tél. : 05 56 22 72 11

HÔTEL HA(A)ÏTZA

1 avenue Louis Gaume
33115 Pyla-sur-Mer
Tél. : 05 56 22 06 06

William Téchoueyres est le businessman du groupe avec cette facilité à appréhender les affaires et à faire de l'or avec le sable de la dune, à rendre beau tout ce qu'il touche avec une conjugaison incroyable de son savoir-faire sur l'économie, son professionnalisme et la créativité. C'est mon pote de rugby, on a évolué ensemble, c'est un gars qui était un leader avec d'autres potes comme Reight, Gimgim, Laporte, Vergé… On était très liés et on l'est toujours. Notre relation en vieillissant est encore plus forte parce que le temps devient de plus en plus précieux. Chaque fois que nos regards se croisent, on a la banane, on a la connerie de nos jeunes années passées ensemble qui revient.

C'est le personnage du Pyla, c'est Bugsy Siegel, le mec qui a fait le casino Flamingo à Las Vegas, le premier casino dans un désert de sable. William, lui, il a créé sur une montagne de sable un hôtel-resto classe et inattendu, et puis il a crée un quartier au pied de la dune du Pyla en réhabilitant Ha(a)ïtza, le tout habilement encadré par son épouse Sophie, une ancienne arracheuse de dents (elle était dentiste). Avec force et envie elle s'est mise à l'hôtellerie qu'elle maîtrise parfaitement. Les deux font la paire. William est un accélérateur de fête, c'est comme un turbo sur une bagnole. Quand tu festoies avec lui, tu sais qu'il va y avoir une montée en puissance.

Un verre avec William Téchoueyres.

LE BAR DE L'OUBLI

234 boulevard de la Côte d'Argent
33120 Arcachon
Tél. : 05 57 72 00 45

Philippe Berbizier, c'est la rigueur de l'hiver de Lannemezan nuancée par beaucoup d'humour. Ce bar, je devais l'acheter début des années 1990, je m'étais mis dans la tête que ma reconversion se ferait « dans le bar », ce qui aurait été une grave erreur, car je n'ai aucune affinité avec les chiffres ni la constance nécessaire pour tenir un bouclar. Philippe a très vite été l'âme de ce coin du Moulleau, qui est l'endroit commerçant au pied de cette magnifique église Notre-Dame-des-Passes. On a joué ensemble quand nous avions 20 ans au Sporting Club Graulhettois. À L'Oubli, pas besoin d'avoir soif pour y aller, on y est tellement heureux ! Et puis tout ce que vous y goûterez est irrésistible et vous en reprendrez. L'Oubli, on peut difficilement s'en passer.

LA SALLE DE BAINS DE CERTAINS HÔTELS, C'EST TERRIBLE : TU ENJAMBES LA BAIGNOIRE SANS TOUCHER LE RIDEAU, T'ES DE PROFIL, TU NE VEUX PAS LE TOUCHER, LE RIDEAU, MAIS DERRIÈRE T'AS LE CARRELAGE COULEUR NICOTINE QUE TU NE VEUX PAS FRÔLER NON PLUS. TU ALLUMES LA POMME D'EAU CHAUDE ET C'EST AUTOMATIQUE, LA CHALEUR ATTIRE LE PLASTIQUE, LE RIDEAU SE RAPPROCHE TOUT PRÈS ET SOUS TON NEZ, UN POIL DE CUL FRISÉ DE ROUTIER PORTUGAIS. C'EST DÉGUEULASSE ! ALORS TU TE COLLES À LA NICOTINE, TU CHOPES UN SAVON ET IL EST LÀ LE PIÈGE : LA SAVONNETTE AVEC LAQUELLE TU TE NETTOIES ET QUE TU ABSORBES PAR DERRIÈRE EN TE FROTTANT LE CUL. TU FAIS DES BULLES PENDANT UN MOIS ! ATTENTION À TOUJOURS BIEN CHOISIR TON HÔTEL.

LE BAL À PAPA – LES GOÉLANDS

242 boulevard de l'Océan
33115 La Teste-de-Buch
Tél. : 06 81 50 36 75

Lieu incontournable de réjouissance, de foulage du dance floor pour les fiévreux du samedi soir, pour les amatrices de *Grease* et chanteurs de tout poil. Car Papa – l'ami Christophe – embarque tous les habitants de son arche pour chanter en chœur du Sardou et autres tubes frémissant des années 1970 à 2000. L'« accoudage » de bar et barres de rire pour tout le monde sont garantis ! Sur ce coup-là, même si parfois j'ai pu faire le malin devant les copains, je vous le confie : quand Papa nous appelle, Krystel et moi, devant la scène, où il chante chemise ouverte – sexy Papa –, et qu'il nous fait danser le dernier slow magique sur *Je reviens te chercher*, chaque fois on s'émoustille avec ma blonde. Ça fait 15 ans que ça dure ! Il nous touche le gitan, il est plein d'amour. Zézette, l'amie Sabrina, son épouse, tourbillonne dans son endroit avec le savoir-faire des grandes dames de la fête qui font les nuits musicales et des souvenirs plein d'étoiles.

Du côté de Cavalaire…

LE RESTO – CHEZ BRUNO

1086 boulevard Saint-Raphaël
83420 La Croix-Valmer

« Le Resto » ou « Chez Bruno », vu de l'extérieur, t'entres pas. Moi, j'y vais parce que ce le rouge et le noir, ça fleure bon le rugby, c'est Bernie qui me fait un clin d'œil ! Parce que là, c'est Toulon ! C'est bon : cèpes, foie gras, cochon, œufs meurette aux truffes… et le prix, hmmmm ! tout le monde peut aller se régaler sans se ruiner. Pour l'adresse, renseignez-vous, tout le monde le connaît, le Bruno, c'est une figure locale.

PHILIPPE CORNILLE

Traiteur
Tél. : 06 24 15 71 81

Pour te régaler chez toi, tu téléphones à Philippe, traiteur 7/7 sur tout le golfe. Possibilité de cuisine à domicile : paellas, aïoli, légumes farcis et tutti quanti ! C'est vraiment bon.

LE TAMARIS

Avenue des Tamaris
83240 Cavalaire-sur-mer
Tél. : 04 94 05 44 34

Le Tamaris à Cavalaire te propose de petit déjeuner, déjeuner et même de t'allonger sur un transat. Tu passes une journée de vacances comme un coq en pâte, royal et raisonnable.

ADRÉNALINE ACADÉMIE

Promenade de la mer
83240 Cavalaire-sur-mer
Tél. : 06 09 40 50 70

Si tu veux t'éclater en journée, comme moi, sans forcer, avec l'adrénaline au bout de ta fainéantise parce que les encadrants sont très pros, tu files chez Adrénaline Académie, chez l'ami Vincent Lagaf'.

Je remercie beaucoup Elsa Lafon
et sa collaboratrice Marie Dreyfuss
pour leur bienveillance, leur bonne humeur
et leur collaboration.

merci !

UN OUVRAGE ÉLABORÉ PAR

Krystel Moscato, Elsa Lafon et Marie Dreyfuss

CONCEPTION ET RÉALISATION

Isabelle Dupont et Émilien Castaing

RELECTURE ET CORRECTION

Chantal Nicolas

FABRICATION

Christian Toanen et Nikola Savic

CRÉDITS PHOTOGRAPHIQUES

Photographies personnelles de l'auteur : p. 11, 19, 51, 63, 69, 83, 84, 86, 90, 95, 101, 109, 131, 132, 141, 149, 167.

© Greg Soussan : p. 43 et couverture.

© Julien Marchal : p. 187.

© Shutterstock / P-Fotography : p. 170.

© Shutterstock / Mackey Photography, LLC : p. 171.

© DR : p. 17, 28, 41, 129, 135, 147.

Imprimé en France
par Corlet Imprimeur
14110 Condé-sur-Noireau
en octobre 2017
N° d'imprimeur : 192378
Dépôt légal : novembre 2017
ISBN 13 : 978-2-7499-3421-1
LAF 2132